Pages de garde : Détail de la monumentale fresque peinte en 1905 par Gaston Guignard dans la cage d'escalier d'un château de Sologne.

SOLOGNE GOURMANDE

Le cahier secret de Silvine

Marie-Christine et
Didier Clément

Photographies de André Martin

Albin Michel

A la mémoire de tante Andrée
et en hommage à toutes les Silvine
de Sologne

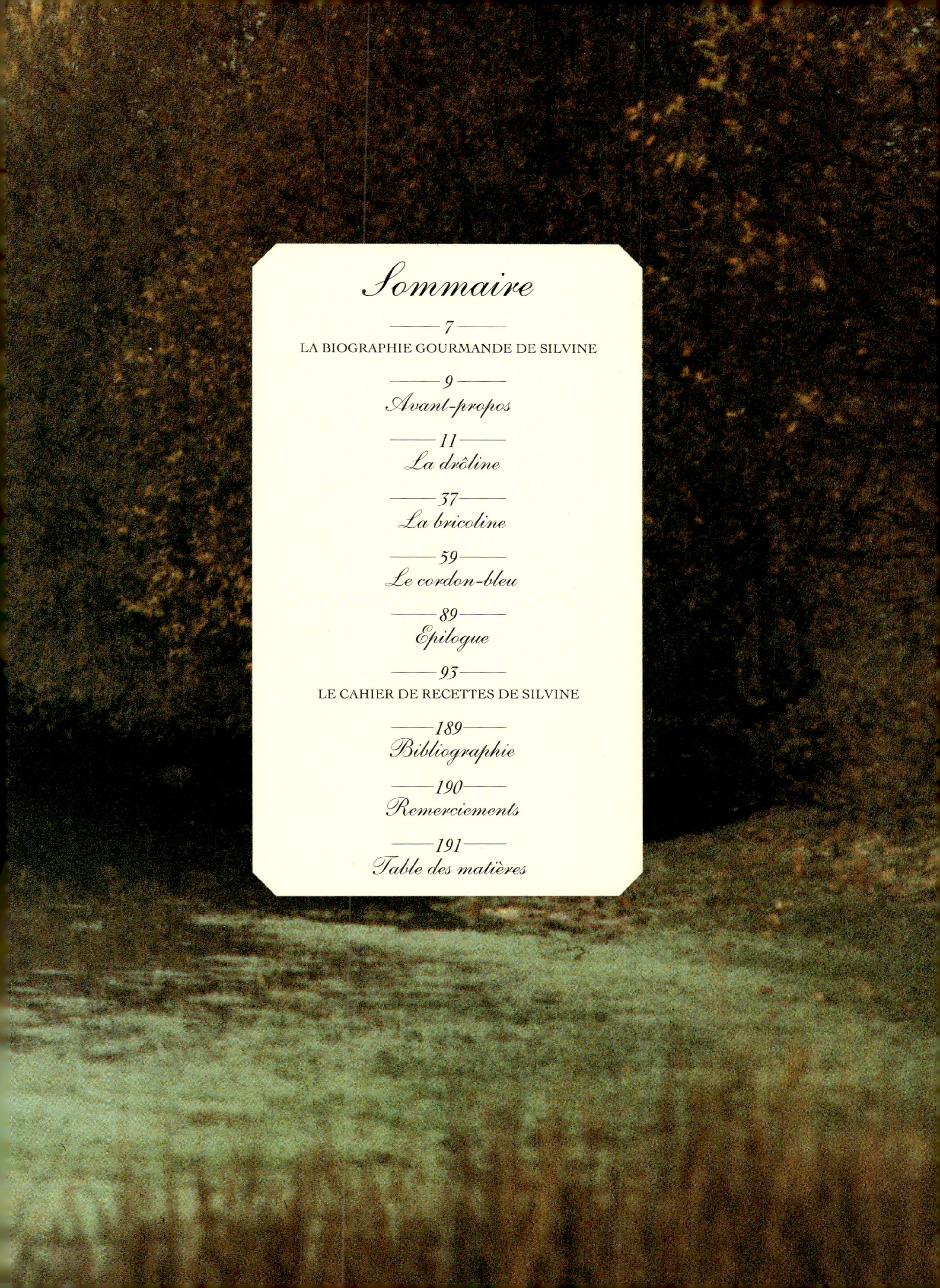

Sommaire

7
LA BIOGRAPHIE GOURMANDE DE SILVINE

9
Avant-propos

11
La drôline

37
La bricoline

59
Le cordon-bleu

89
Épilogue

93
LE CAHIER DE RECETTES DE SILVINE

189
Bibliographie

190
Remerciements

191
Table des matières

LA BIOGRAPHIE GOURMANDE DE SILVINE

Avant-Propos

Mystérieuse Sologne aux landes de bruyère où les troncs blancs des bouleaux dessinent de frêles figures... Terre de rêve, de poésie, de chasse et... de malices ! Les héros du *Grand Meaulnes* et de *Raboliot* l'ont gravée dans les mémoires du monde entier, mais elle demeure une terre secrète et fantasque, dont le vrai visage reste encore à découvrir.

Les nombreux écrits sur cette région ne nous présentent qu'une terre pauvre où le Solognot braconne pour sa survie, ruse avec une nature encore sauvage qu'il peuple de légendes chimériques et attachantes. Cette vision folklorique nous a entraînés à négliger toute une société bourgeoise et aristocratique qui choisit volontairement de venir s'installer en Sologne pour y vivre sous le double signe de la chasse et de la convivialité, et qui mena ici, surtout de la Belle Époque aux Années folles, un somptueux train de vie demeuré jusqu'à présent confidentiel.

Cet ouvrage se propose d'unir enfin ces deux traditions au travers d'un personnage féminin, Silvine, recréé d'après les éléments biographiques d'une figure familiale et enrichi de nombreux témoignages.

Il est temps maintenant de découvrir ce somptueux train de vie, partie intégrante de notre patrimoine, avant que sa mémoire déjà discrète ne s'efface à tout jamais et de rendre enfin hommage à tous les acteurs de cette vie solognote, riches propriétaires ou humbles domestiques, qui ont vécu là, dans cet immense théâtre d'eau et de verdure, en cette fin du XIXe siècle et au début du nôtre, quelques-unes des plus riches heures provinciales de l'art de vivre bourgeois.

Page de gauche : Dans le salon, une extravagante paire de potiches en faïence de Nevers du XIXe siècle souligne l'encadrement d'une porte-fenêtre s'ouvrant sur le parc. Ci-dessus : Départ de chasse à courre au château de Bon-Hôtel.

La drôline

«UN PAYS FRÉMISSANT DE BRUITS D'AILES
ET DE GALOPADES FURTIVES,
PRODIGUE DE TENTATIONS VIVANTES...»
M. GENEVOIX, *Raboliot*, 1925.

Silvine de Sologne. Quand Gaston B. sortit de la maison pour proclamer à la cantonade qu'il venait d'avoir une fille, on lui demanda aussitôt comment il pensait l'appeler.

– Sylvette, répondit-il.

– Tu ne vas tout de même pas l'appeler comme ça ! lui répliqua aussitôt sa voisine, c'est le nom de ma chèvre...

– Alors, ce sera Silvine !

Tout le monde, réconforté, acquiesça et sourit d'un air entendu en se remémorant la petite Silvine Gagnepain, véritable emblème du caractère des Solognotes bien «areuillées» [1]. Lors de la venue de l'empereur Napoléon III à Lamotte-Beuvron en 1851, elle s'avança vers lui, portant une gerbe de fleurs champêtres dans ses bras et osa lui répliquer, quand l'Empereur lui fit un compliment sur sa jolie taille et sa bonne tournure : «Sa majesté n'est pas mal non plus !...»

Notre Silvine était placée dans une digne lignée.

Maman-Douce. Née en 1871 dans une de ces maisons de briques rosées, basses et coquettes, des villages de Sologne qui s'étirent le long d'une voie unique avant de brusquement s'éteindre au ras d'une lande souple et bucolique, Silvine vint agrandir le cercle familial de Gaston, le maréchal-ferrant, et de Jeanne, son épouse, qui avaient déjà un garçon âgé de deux ans, le petit Florentin. Le village les considérait comme de braves gens, simples et travailleurs.

Jeanne tenait son ménage, élevait ses enfants et aidait souvent à la forge. Elle tirait sur la lourde chaîne du soufflet, maintenait

Page de gauche : À l'orée de l'hiver, les branches palmées des fougères ponctuent de leur jaunâtre pâleur les sous-bois noircis par les pluies.
Ci-dessus : Silvine, nonchalante et mutine, aux côtés de son frère Florentin et de sa famille.

d'une main ferme et assurée le pied des chevaux en l'absence de l'arpète quand Gaston leur grattait la corne avant d'ajuster le fer et de le fixer à grands coups de marteau. L'été, elle émouchait les chevaux avec un grand éventail de jonc tressé. Mais elle était surtout réputée pour être une excellente cuisinière.

– Allez les gosses, on chauffe le four. Allons-y !

Elle traînait toujours dans ses jupons, outre ses propres enfants, une ribambelle de drôles et de drôlines qui la suivaient partout et transformaient en jeu la moindre activité ménagère. A ces mots, tous se dispersaient comme une volée de moineaux et partaient dans les environs à la recherche de «javelles», sarments secs de vigne, de charbonnette ou de petites branches de bois, les «cuseuses». Les plus grands se chargeaient de rapporter des «bourrées», gros fagots de bois de chêne. Cette corvée joyeuse leur plaisait tout particulièrement car elle était promesse de goûteuses récompenses ! Dans quelques heures, ils recevraient de larges tranches de pain à la croûte farineuse, qu'ils mangeraient nature, comme un gâteau, tant il fleurait bon la pâte chaude et rôtie, une part de «miat», solaire tarte aux fruits ou de galette aux pommes de terre, fondante et nourrissante ; «le jour du Monsieur», quand Jeanne enfournait les casserolées de cochonnailles après avoir rituellement tué le cochon en famille, ce seraient des grattons bien rissolés, encore brûlants, ou encore, après la cuisson du pain, quelques «daguettes», petites langues séchées de poires, de prunes ou de pêches, qui, gonflées de vin chaud et de sucre, assureraient les desserts d'hiver. Mais sa grande spécialité était le pâté à la citrouille...

La veille, elle choisissait, dans le potager situé à l'arrière de la forge, une belle citrouille ventrue, monstre orange des contes de fées, qu'elle débitait en grosses lunes. Après l'avoir épluchée et lavée, elle la diminuait sous son couteau en petits cubes réguliers qu'elle recouvrait d'oignon coupé très fin, d'un peu de persil et d'une pincée de sel. Puis elle laissait le tout reposer et s'égoutter pendant la nuit sur le rebord de sa fenêtre. Le lendemain, elle préparait une pâte brisée, l'étalait avec une bouteille enveloppée dans un torchon, déposait dessus la citrouille embeurrée et refermait ce coffre d'une autre couche de pâte trouée d'un nombril. Avant d'enfourner, elle fardait son pâté avec un œuf battu, ou mieux encore, quand elle en avait, avec la peau de lait entier bouilli, la crème de lait double bien battue, lisse et blanche, qui conférait à sa pâte un doré et une souplesse qui laissaient

Ci-dessus : Portrait de Maman-Douce endimanchée. Page de droite : La rue du village et une jeune gardeuse d'oies.

perplexes bien des cuisinières du village...

Chacun à leur tour, elle avait bercé ses deux enfants avec la chanson du beurre. L'hiver, quand elle n'avait pas de «tournette», l'herbe qui fait tourner le lait [2], pour faire monter la crème, elle engouffrait les grandes potées dans le four encore chaud de la cuisson du pain. Elle la versait dans une baratte en bois, épurée du caillé et du petit-lait, et battait avec entrain, tout en chantant : «Beurri, beurra, mon beurre se fera ! Beurri, beurra, mon beurre se fera !»

Souvent le beurre ne prenait pas aussitôt. Elle le laissait près de l'âtre et allait soigner ses quelques poules ou aider à la forge. Quand elle revenait, elle soulevait impatiemment le couvercle et quand elle observait de petites graines en formation, elle entonnait avec joie : «Beurri, beurra, mon beurre est fait ! Beurri, beurra, mon beurre est fait ! », etc.

Après l'avoir bien mélangé, elle le claquait dans ses paumes, le rinçait à grande eau et l'enveloppait dans des feuilles d'oseille ou bien simplement dans des feuilles de chou qu'elle flambait auparavant pour les assouplir et les désinfecter. Au printemps, elle préférait les tendres crosses vertes de jeunes fougères qui laissaient sur le beurre emperlé leur empreinte palmée...

Le première grande mission que l'on confia aux soins de Silvine, dès ses trois ans, fut d'emmener la dinde et ses dindonneaux pacager au champ. Armée d'une

Dans ce «quadrilatère claudicant de bâtiments», «les rideaux, derrière les vitres, sont comme des paupières entrecloses. Les toits mordorés de tuile plate s'abaissent comme des capuchons». M. GENEVOIX, Lorelei, 1978.

longue trique trois fois plus grande qu'elle, promue soudainement au grade de «dindonnière», elle partit sur le chemin des Sables, accompagnée de sa petite chienne, Charmante.

– Surtout, ne laisse pas la dinde aller vers le pêcher !

– Oui, oui...

Aussitôt le chemin tourné, la maline laissa la dinde se diriger tranquillement vers l'arbre défendu et tandis que la bête «gourdounnait» d'aise en suçant les pêches tombées, la petite remplissait sa bouche et les poches de son petit tablier rose de pêches pointues mais... encore vertes ! Elle revint plus vite que prévu, la bouille poissée, le mal au ventre et le regard si repentant que Maman-Douce n'eut pas le cœur de la gronder. Ainsi commencèrent les mémorables épopées gourmandes de Silvine.

L'épicerie d'Aristide Fleury. Vers cinq ou six ans, Silvine se prit d'admiration pour l'épicerie du village, tenue par Aristide Fleury, «l'homme à la barbe fleurie». Affable et souriant, faisant crédit facilement, ce qui ne gâtait rien, il ne lui faisait pas peur comme ces marchands ambulants portant de vieux feutres verdis, répandant autour d'eux l'âpre odeur des genêts, qui faisaient le tour de la Sologne pour vendre dans les fermes isolées lacets, galons, dentelles,

«bleu» pour la lessive ou livres interdits qu'ils cachaient dans leur bissac reprisé. Au contraire, elle quémandait de sa mère le plaisir d'aller lui chercher un peu d'huile ou quelques épices. La bouteille à la main, elle arrivait devant la boutique qui, de l'extérieur, ne laissait pas deviner toute son abondance. La clochette de la porte «berdinnait» [3] et, dès le seuil, un flot d'odeurs fortes mêlées : café, bois frais, cordages, merluches et harengs saurs, tissus neufs, clous de girofle, fromages durcis et bonbons douceâtres, lui fouettait le visage.

– Je voudrais pour deux sous d'huile, s'il vous plaît.

– Voilà, ma drôline, voilà !

Et tandis qu'il versait de sa bonbonne tressée la précieuse huile de noix, Silvine, protégée des regards par le grand comptoir, bondissait lestement vers les sacs de jute éventrés pour grappiller quelques grains de sel qu'elle laissait fondre sur sa langue, le regard amoureusement alangui, levé vers les inaccessibles bocaux de verre tant désirés où s'entassaient ces bonbons outrageusement colorés : violettes cristallisées, bleuets biscornus, coquelicots carminés, pastilles miellées, zan de suie. Seul le jour du Carnaval, quand le père Aristide les jetait par poignées sur le parquet de sa boutique aux enfants déguisés qui se battaient

Bric-à-brac de colifichets d'une boutique de «Modes de Paris».

pour les ramasser, elle pouvait les goûter. L'hiver ajoutait une nouvelle odeur à sa boutique, celle des oribus, petites chandelles de résine grésillante qui tachetaient d'une frêle lumière les étagères garnies de pichets de grès, de cotonnades rayées, les tiroirs à boutons, à laine à repriser et aux mignonnes fusettes, les cartes postales figées dans leur présentoir miaulant et les balayettes de bruyère, balais de genêt et autres sabots pendus qui se balançaient à chaque frôlement. Aristide trônait derrière son comptoir au milieu de ce bric-à-brac merveilleux, auréolé d'une large pancarte aux lettres maladroites où l'on pouvait lire : «L'épicerie, c'est Fleury !»

Flaubert à l'école communale. Quand Silvine se présenta à l'école communale, à l'âge de cinq ans et demi, elle pouvait déjà déchiffrer cette réclame car sa mère, ancienne fille de précepteur, venait de lui apprendre à lire. Elle découvrit «Flaubert», qui était en train de faire tourner dans la cour quelques grands trop remuants, tel un dresseur de fauves au milieu d'une piste de cirque. M. Armand se dirigea vers elle et sa maman, tenant «Flaubert» à la main. Bien qu'il fût le premier «monsieur» en complet veston et cravate que voyait la gamine, elle n'avait d'yeux que pour cette longue liane cinglante dont lui avait tant parlé son frère Florentin qui la précédait depuis peu en ces lieux. L'instituteur avait en effet donné à son fouet le nom de l'illustre écrivain, auquel il vouait une grande admiration, reconnaissant à l'un comme à l'autre les mêmes qualités de style : simplicité et efficacité.

Silvine n'eut pas trop à souffrir des apparitions de «Flaubert», plus dissuasif

Charme d'un bâtiment de Sologne où les briques roses, mauves et orangées rivalisent de nuances avec les tuiles brunes.

que véritablement incisif. Sauf le jour où, voulant faire l'intéressante, elle monta sur le mur de séparation bâti entre la cour des filles et celle des garçons et se promena sur son faîte comme une acrobate sur une corde raide avant de rebondir sur un tapis de feuilles mortes après un spectaculaire saut où sa robe mauve volantée s'était gonflée en un beau ballon, pendant trop peu de temps à son goût...

En dehors de ces quelques enfantillages, Silvine était une élève studieuse. Connaissant déjà par cœur le «Livre rose», elle avait été promue directement, dans cette classe où se côtoyaient tous les cours, à «la table des moyens» où ses aînées, appelées les «moniteurs», lui tenaient la main pour former de belles rondes et l'initiaient déjà aux règles de grammaire du «Livre bleu». La salle de classe, toujours sonore, retentissait des ritournelles sans cesse recommencées. Après les petites qui récitaient avec application leur «a, beu, queu, deu», les moyens serinaient les tables de multiplication ou ces refrains efficaces qui inscrivent à jamais dans les esprits les précieuses règles de la langue française : «Devant m, b, p, on met toujours un m.»

Mais son imagination enfantine détournait ces sentences en rêveries difformes comme un orgue de Barbarie affolé par de trop rapides tours de manivelle. «Soupoucoufoumouroutou», lui rappelant le «gourdou, gourdou» des dindons, devenait le cri d'un animal mystérieux aux plumes chatoyantes ; dans la «famille charrette», chariot qui était le seul à ne prendre qu'un r devenait un vilain petit canard de bois, boiteux ; «Sous le pont, la cane y coud, la poule y pond», emportée par la vitesse de sa prononciation, s'emballait dans une danse effrénée avant de s'envoler dans les airs comme le sinueux ruban d'un cerf-volant...

A la grande récréation de midi, quand Gaston ne venait pas le chercher pour venir l'aider à tenir le pied d'un cheval à la forge, Florentin la rejoignait. Il lui préparait ses tartines du «goûter» [4] apportées le matin dans son petit panier, bien enveloppées dans un linge, les nappait de rillette, de gras de cochon ou de fromage. Ils les mangeaient en attendant la soupe transportée dans le porte-dîner que Mme Armand leur réchauffait. Ils buvaient à la gourde une eau rougie et finissaient leur repas avec un fruit et plus rarement avec un morceau de chocolat.

Au sortir de l'école, ils rentraient tous deux à la maison pour «le petit goûter», composé essentiellement de fromage, blanc l'été, et dur l'hiver. Florentin aimait repartir jouer avec ses copains, pêcher des guernazelles [5] dans les fosses avec un bout de guenille rouge ou attraper des sauterelles pour nourrir ses petits poulets tandis que Silvine, invariablement, était attirée par le spectacle de la forge.

Sur l'ordre des maîtres d'école, la clameur des turbulents drôles en tabliers noirs s'est un instant figée.

Le Maréchal. Dans l'antre noir masqué de suie émergeait la haute stature de son père, le front piqueté d'escarbilles, la peau lustrée de sueur. Éclairé par le seul flamboiement, auréolé d'une ombre immense, il ressemblait à un de ces Titans qui, dans les livres de classe, soufflaient sur les nuages pour que les jours succèdent aux nuits. Silvine se tenait là, silencieuse, «capie» [6] dans cette caverne, bercée par la chaude et haletante respiration du soufflet, «accroupetonnée» dans la limaille et les copeaux de corne d'où montait une odeur acérée, fascinée par le spectacle du bras puissant s'abattant infatigablement sur le fer rouge qui lançait une dernière fois autour de lui des paillettes incandescentes avant de mourir dans un énorme soupir, enfin apprivoisé, dans l'eau d'un baquet. Dans le village, on le nommait avec respect, comme s'il s'agissait d'un véritable titre de noblesse, «le Maréchal».

Mais une fois sa journée finie, son long tablier de cuir enlevé et le visage nettoyé, il redevenait un bon bougre jovial et aimait rejoindre ses amis, en face, au café des Caquets. La branche de genévrier pendue au-dessus du seuil annonçait que la maison distillait son alcool de «guernepis», compagnon d'hiver des tardives manilles. Se retrouvaient là, outre les artisans et les commerçants du bourg, rouliers, hommes de journée, gardes-chasses et, debout au comptoir, vigilants, un ou deux braconniers toujours prêts à déguerpir. Chacun avait une «sornette», c'est-à-dire un surnom qui reprenait un trait de caractère ou un détail physique, facétieuse tradition médiévale digne de Rabelais. Le maréchal-ferrant

Devant la forge, le maréchal aux grisonnantes moustaches gauloises ferrait sur le trottoir de lourds percherons musclés à la croupe moirée.

avait son «titre», les gardes avaient le leur : «Distingué», «Trois-Œils», Fier-à-bras» ou «Malcourtois» ; les braconniers : «Brigandeau», «Sarcelotte», «Fin-Nez» ou... «Raboliot» ! Même les habitants des autres villages n'étaient pas épargnés et les villageois de Ménestreau étaient surnommées les «comédiens» et ceux d'Isdes... les «idiots» !

Tous étaient à la fois chasseurs et braconniers. Ne dit-on pas que le Solognot naît avec un collet autour du cou ? De retour de veillée dans une ferme des environs, tard dans la nuit, toute la famille allait sur un petit lopin de terre [7] hérité de l'oncle Médée, «faire le grillage». En partant, Gaston avait entrouvert la barrière de l'enclos et soulevé par endroits quelques centimètres de grillage. Sur le chemin de retour, il n'y avait plus qu'à refermer les brèches. Les lapins s'étaient engagés dans le champ où ils pullulaient. Le lendemain matin, le Maréchal viendrait à l'aube lancer ses chiens Papillon et Veillée, et pousser son furieux cri de chasse, «Calafoute mords là !», qui ferait bondir les garennes et s'envoler les faisans. Il y aurait bientôt au menu pâtés et «pot-au-feu de braconnier»...

Gaston allait à la chasse avec quelques amis, jamais plus de deux. Ces rencontres étaient prétexte à de plantureux «repas à la mode» [8], comme il disait, dignes d'un «rentier du fromage mou». Qu'on en juge. Jeanne leur préparait, tout d'abord, pour sept heures du matin, leur petit déjeuner de chasse. Elle posait sur la longue table de bois la grosse miche de pain, les sardines à l'huile, le saucisson à l'ail, les rillettes et rillons, les pâtés en terrine et en croûte qu'elle avait spécialement préparés, la «jarrouille» [9], les fromages de chèvre, quelques

«Un relent d'ail flotta dans l'air, grandit, insistant et fétide. Les trois hommes s'engagèrent dans la friche, levant haut les genoux parmi les touffes de bruyères, les ajoncs épineux qui leur griffaient les jambes à travers le velours des culottes.» M. GENEVOIX, Raboliot, 1925.

fruits de saison et des biscuits qu'ils arrosaient d'un bon vin rouge léger puis d'une tasse de café parfumé d'eau-de-vie de prune. Les chasseurs avaient de quoi soutenir un siège ! Pendant leur longue matinée de chasse, elle mitonnait, pour le déjeuner qu'ils prenaient vers treize ou quatorze heures, une bonne soupe grasse, bien honnête, dont elle servirait le «bouilli» et ses légumes, une tête de veau vinaigrette, aux fromages de «bique» et aux desserts : îles flottantes sur une crème de vanille, tarte aux prunes ou aux abricots, triangle de galette feuilletée tartiné de gelée de mûre... Au moment du café, des liqueurs et du «vin de curé», les enfants, installés par terre, au pied de la table, faisant semblant de jouer au Nain jaune, épieraient d'une oreille alerte les libres propos de leurs parents qui les auraient depuis longtemps oubliés...

«égayée d'un joli nuage d'appétits, de pousses d'ail et de cives», une fricassée de poulet, un gigot à l'ail ou mieux encore un recherché cul-de-veau aux carottes puis, comme plat de résistance, l'invariable civet de lièvre avec sa sauce noire et onctueuse. Si la chasse de la matinée avait été fructueuse, elle ferait rôtir au dernier moment quelques perdreaux avant de passer à la salade de doucette arrosée d'huile de noix,

La «tournée» de Monchrétien. Les verres de gris-meunier ou de vieil auvernat aidant, chacun se laissait aller à raconter des aventures de chasse ou de braconnage. Les plus mémorables étaient toujours celles de Monchrétien, auquel on n'avait pas ajouté de sornette, car on trouvait que son nom était déjà un amusant clin d'œil à ses activités si peu... orthodoxes ! Un de ses plus beaux coups avait été monté lors d'une chasse à

Penché sur un buisson de mûriers, un Raboliot guette la prise de son furet apprivoisé. Pages suivantes : Terrines de gibier et petits pâtés en croûte dorée, rillons et fromages de chèvre d'un déjeuner rustique et amical entre un chasseur et un garde-chasse.

Sologne
Journal Républicain Indépendant de

courre du marquis de l'Aubraye. Il s'était posté derrière un boqueteau de cépées où il était sûr que le cerf ne tarderait pas à passer, l'avait tué et dépecé sur place un de ses cuissots avant même que la meute ne rapplique. Un véritable exploit !

Accoudé au comptoir, silencieux, il n'avait rien eu besoin de raconter : tous les buveurs avaient déjà appris sa tournée [10] et tous admiraient, sans oser lui dire, son audace et sa réussite. L'œil noir, la moustache aux aguets, fort et vif, sa chienne Mirette toujours collée contre ses jambes, prête à lui tirer le pantalon dès qu'un «merle bleu» [11] entrerait, il ne redoutait personne. Les «La-Loi» [12] essayaient bien de le prendre au piège, à son tour. Ils profitaient de la promiscuité du café des Caquets pour glisser dans une conversation, d'une voix assez forte pour qu'il puisse les entendre, qu'ils allaient s'absenter ce matin, qu'ils allaient à la ville voir le docteur, qu'ils partaient à un mariage dans un canton voisin alors qu'ils filaient s'embusquer au coin de la «rue Verte» ou de la croix de Bailly. Mais le braco n'était pas dupe de leurs ruses. Lui, «l'homme sans odeur» qui se glissait sous le vent dans les sentes pour surprendre les perdrix blotties et qui savait où faire tomber les faisans perchés «comme à gravelotte» [13], fournissait en gibier tous les notables du canton et avait de hautes protections. Le préfet, notamment, s'était entiché de sa sœur : il avait laissé faire, ça pouvait toujours servir...

Les champignons des Rouches. Silvine s'entendait particulièrement bien avec la fille de Monchrétien, Philomène, et les deux drôlines bien «alouettées» [14], toutes deux du même âge, étaient vite devenues inséparables. Leur occupation principale à l'automne était d'aller ramasser les noisettes, les châtaignes et les champignons. Dans les prés suintant d'eau, elles ramas-

En haut : Un «père La-Loi» sanglé et galonné sur la piste des fraudeurs impénitents. En bas : Un «porte-carnier» immortalisé par Mme Martin-Demézil.

saient en lisière de forêt les rosés et les «compagnies», les petits mousserons. Philomène, en bonne fille d'homme des bois, entraînait Silvine dans les queues d'étang où les sabots poissés se prenaient au piège, pour ramasser ces gros champignons que les villageois dédaignaient. Les «champignons à vaches» comme ils les appelaient, parce que les bêtes en raffolaient, étaient de lourds cèpes délicieux qui n'avaient rien à envier au cèpe de juillet, blond et court de queue ou au beau charbonnier d'automne avec son dessous bien blanc.

Mais elles avaient un lieu de prédilection, une enceinte dont elles avaient fait leur domaine secret : les Quatre-Carrés des Rouches. Chaque parcelle offrait un type de végétation si différent, pins, chênes, bouleaux et châtaigniers, que l'on pouvait y dénicher toutes sortes de gourmandises. Quant un éclair de soleil rayait une ondée d'orage, elles couraient aux Rouches, avec une impatience fébrile, portées par l'odeur musquée qui montait de la terre chaude et mouillée, et se fondaient dans ce sous-bois

Bernés, tous recherchent «le braconnier de pêche et de chasse, noueux, tordu, souple comme l'aspic rouge, l'homme de l'ombre, l'homme sans odeur» qui vient de leur jouer une de ses «tournées».

solognot où les amanites de César, les boules de neige, les «saffrettes» girolles [15], les bolets ou les lactaires vert-de-grisés venaient de percer le tapis spongieux de la mousse. Butinant au milieu de ces «petits bonhommes» chapeautés de feuilles mortes et de brindilles, elles en remplissaient leur panier, leur mouchoir, leurs poches de tablier tout en croquant crus quelques «nez-de-chat» [16]...

Un jour de maraudage, elles virent approcher une femme qui avait son tablier retourné, sûrement plein de châtaignes et de champignons.

– Partez vite d'ici ! Le garde va bientôt passer ! Retournez sur la route et ne vous en éloignez pas !

– C'est votre mari ?

– Oui.

– Il est méchant ?

– Oh non ! Mais le marquis n'aime pas beaucoup qu'on traîne sur ses terres. Alors, dame...

– Nous ne faisons pas de mal, Madame ! Vous me connaissez, je suis la fille du Maréchal.

– Et moi, clama Philomène se redressant avec fierté, je suis la fille de Monchrétien, le braconnier !

A ces mots, la brave femme tourna les talons et disparut en courant. Depuis ce jour, les deux drôlines surent qu'elles ne seraient jamais dérangées par un garde dans les Quatre-Carrés des Rouches...

Mémère-Grand. A quelques kilomètres du village, la grand-mère de Silvine habitait une modeste locature accoudée, au nord, à

Allée du pays des fables où une drôline peut apparaître à tout instant pour s'émerveiller devant ces fausses oronges, traîtreusement belles, aux fascinants chapeaux de laque rouge hérissés d'écailles blanches.

un petit bois de feuillus, et regardant, au sud, vers de petites prairies ocellées de fosses ourlées de cils d'ajoncs qui se jetaient toutes, plus bas, dans l'étang des Marsaults, vaste trouée entre une sapinière et une lande à callune [17]. Aux beaux jours, presque tous les jeudis, Silvine allait lui porter quelques «lichonneries» que venait de cuire sa mère : une galette de pommes de terre, un pâté aux pommes ou quelques «roussettes», au moment des Brandons.

On fêtait cette coutume le lendemain de Mardi-Gras. Tous les jeunes gens partaient ramasser dans les champs de blé une herbe parasite, la nielle, et la rapportaient dans les fermes. En échange des poignées d'herbes, les femmes leur offraient à profusion des beignets découpés avec un verre, appelés «cailles», «rondiaux» ou «roussettes». Cette cueillette se poursuivait de ferme en ferme, tard dans la nuit. Dans chaque champ désherbé, la jeunesse plantait une croix de paille d'où jaillissait le feu rédempteur. La campagne s'allumait de ces feux follets et résonnait des chants rituels et des cris de joie. Cette nuit était prétexte à toutes sortes de réjouissances et à des jeux plus ou moins innocents... Dans d'autres parties de Sologne, on préparait aussi d'épaisses crêpes appelées «sanciaux» qui se mangeaient généreusement nappées de miel noir, riche en pollen sucré volé aux fleurs des ronces, des acacias et des bruyères...

C'est en portant à sa grand-mère quelques roussettes restées de la veille, — elles n'en sont que meilleures ! — que Silvine, partie tôt un matin, crut apercevoir dans le brouillard du Petit Bois une ombre noire aux yeux étincelants. Elle rentra vite chez elle, en courant à toutes jambes, si effrayée qu'elle éparpilla derrière elle les beignets dans sa course.

– Je viens de voir le loup blanc ! Je viens de voir le loup blanc ! répétait-elle, effondrée de larmes.

Maman-Douce la consola, refit le chemin avec elle, et arrivées au bois, elles trouvèrent... un mouton égaré par une bergère étourdie, qui paissait dans un buisson d'épines ! C'est en souvenir de cette anecdote, digne du petit Chaperon rouge, qu'on

La modeste locature de Mémère-Grand s'étalant sous le soleil «avec une bonhomie heureuse», et le portrait de la grand-mère de Silvine aux mains noueuses et pointues. Pages suivantes : La grève sablonneuse et bleutée d'un étang soulignée par la ceinture onduleuse des roseaux.

nomma Louise Gabourin, sa grand-mère, Mémère-Grand.

Mémère-Grand vivait du revenu de ses quelques bêtes, six chèvres et une vache accompagnée de son «élève» [18] qu'elle menait paître aux champs. Elle se rendait à pied, deux fois par semaine, aux marchés des villages voisins vendre ses incomparables fromages de chèvre, ronds et bleutés, aux saveurs renouvelées par les saisons. De tous, ils avaient le plus beau bleu car elle les recouvrait d'une précieuse poudre fine de sa confection, le «sel noir».

Pour le fabriquer, elle ramassait dans l'âtre quelques charbons de bois encore rouges qu'elle éteignait dans une marmite en fonte refermée. Son secret consistait à ne brûler que du bois de sapin car le charbon de chêne, plus tannique, ne donnait ni bon goût ni bonne couleur. Ensuite, elle écrasait les morceaux emprisonnés dans un chiffon avec son petit marteau de cordonnier, court et rond, à la tête retournée, qui ne la quittait jamais. Elle les tamisait dans une passoire fine puis mélangeait à cette poudre des morceaux de sel concassés à la bouteille. Les fromages, ainsi bleuis, protégés par un grand lambeau de mousseline, reposaient sur une grande claie garnie de «f'nasse», cette paille jaune qui souligne à la fin de l'automne tous les chemins de Sologne. L'été, elle faisait «passer» les plus écornés, les moins beaux. Elle les enveloppait dans des feuilles de platane puis les enfermait dans de hauts cuviers qu'elle montait au grenier. C'était sa réserve d'hiver. Ils se réveilleraient pour être mangés aux frimas, cireux et endurcis.

La vieille Louise était aussi connue alentour pour être une bonne rebouteuse. A une autre époque, on l'aurait peut-être traitée de sorcière et portée au bûcher. A ceux qui lui rappelaient ces temps maudits, elle se contentait de répondre qu'elle avait hérité la connaissance de ces plantes de ses ancêtres et qu'elle voyait dans leurs propriétés bénéfiques la bonté de Dieu. Elle en faisait profiter son entourage avec générosité. Quand Silvine tomba avec sa «Gnognotte» dans les bras, sa poule préférée, et lui cassa la patte, sa grand-mère ne fit ni une ni deux. Elle glissa le long de la patte une clisse qu'elle noua avec la «plante qu'on soude» [19]. Quand son propre genou enflait, elle écrasait toujours avec son même petit marteau à tout faire, toujours opportun, les croûtons durs d'une feuille de gratton [20] qu'elle passait sous la flamme salubre, enduisait de saindoux et elle s'appliquait ce cataplasme qui, seul, avait la faculté, ou la «malinerie», de calmer sa douleur.

Les solives noires du plafond de la pièce unique où elle vivait étaient en partie masquées par un moutonnement de sacs de tissu pendus contenant toutes sortes de plantes cueillies pour sa santé, celle de ses bêtes ou de ses voisins. Ils contenaient du «thym des bergères» [21] contre la toux, des pousses de sapin, du lierre terrestre, des fleurs de sureau et de bourrache pour faire transpirer lors d'une bonne grippe, de la fougère mâle contre les convulsions des bébés, de l'incommodante mais combien

Les fromages de chèvre poudrés de sel noir de Louise Gabourin. Page de droite : Dans sa pièce unique se côtoient souvenirs nostalgiques et bouquets de fleurs séchées.

efficace tanaisie à glisser sous l'oreiller des enfants peu précautionneux qui avaient attrapé des poux ou de l'«herbe-au-mal-de-gorge», la scabieuse des champs, dont elle extrayait un sirop souverain mais peu goûteux. Elle cueillait le plus de plantes possible au matin de la Saint-Jean car elles étaient alors gorgées de vertus mirifiques.

Drôles et poques aux champs. Les journées de vacances se passaient aux champs avec Mémère-Grand. Sylvine, Philomène et Florentin partaient avec elle tôt le matin, peu après le lever du soleil. Sur le chemin, leur petit groupe se grossissait souvent d'autres «drôles», des garçons, et d'autres «poques», des filles, qui conduisaient eux aussi qui une vache, qui une chèvre. La compagnie de la vieille femme fascinait les enfants et on la voyait toujours entourée de ce qu'elle appelait sa marmaille. On s'installait pour la journée. Louise avait élu un vieux peuplier dont elle coupait les branches basses, les «feuillards», qu'elle faisait sécher pour donner à manger à ses bêtes l'hiver. Elle l'appelait l'«anzin».

– Allez, la marmaille, on va construire notre «grosse» abri près de l'anzin pour «se mettre auss'let de la bise et de l'iau» [22].

Chacun glanait des branchages et des piquets de bois qu'elle enchevêtrait avec art pour monter une sorte de paravent accolé au tronc de l'arbre, maintenu au sol par des mottes de terre et coiffé d'une légère casquette de feuillage. Elle s'y asseyait, l'été, au nord et l'hiver, au sud, toujours protégée du vent. Elle cachait là quelques brindilles, de la mousse, de la résine pour allumer le feu et deux grosses bûches pour les chenets. Les pieds calés près de l'âtre improvisé, chacun sortait de son cabas sa «pitance» et grignotait avec entrain son «creusiot», un trognon de pain évidé dans lequel on avait mis du fromage blanc bien égoutté, battu avec du sel, du poivre et quelques cives, sur lequel on reposait la mie, maintenue par un petit pic de brindille taillé pointu qui le transperçait. On gardait pour le midi un peu de lard, de la rillette, une compote de fruits ou de la confiture que l'on mangeait selon le même principe. On n'avait pas emporté à boire, une fontaine ruisselait à proximité et on pouvait toujours, bien que cela soit défendu, tirer un peu de lait chaud au pis de la vache.

Les drôles avaient glané en venant quelques mûres le long des chemins, quelques poires ou quelques sinelles [23] encore vertes qu'ils faisaient mûrir en les secouant dans les sabots. D'autres fois, ils enterraient sous la cendre des «macussons», ces petites truffes grises qui sentaient si peu la terre et qu'ils disputaient aux laboureurs, ou, mieux encore, de cossues pommes de terre qu'ils enrobaient de feuilles de chou. Elles ressortaient toutes cendrées et brûlaient les petits doigts qui voulaient les

Scène de déjeuner de vendangeurs burinés à Lassay-sur-Croisne. Du XVIIe au XVIIIe siècle, la culture de la vigne fut largement répandue en Sologne. Auvernat, Fromenteau et Romorantin donnaient des vins plaisants et légers qui «calmaient la soif et redonnaient envie de boire»...

éplucher. Alors Mémère-Grand leur expliquait comment faire une sommaire galette. Elle enveloppait la chair dans un torchon, l'écrasait sur le genou en l'aplatissant de la paume de la main, lui ajoutait un grain de sel, un peu de fromage blanc extrait du creusiot matinal, de l'ail sauvage fraîchement arraché aux fossés. Elle pliait et repliait la galette sur elle-même afin de bien la «taler». La marmaille raffolait de cette rustique purée...

Certains jours, ils mettaient à roussir une pomme, piquée dans une brindille aiguisée ou ballottée dans une tuile qui servait de cuit-pommes champêtre. Il arrivait qu'une pomme mal tenue tombe dans la braise, alors la main bienveillante de la vieille femme disparaissait sous ses innombrables jupons et, un sourire aux lèvres, en ressortait une belle reinette pour consoler l'enfant. Elle avait autour de sa maison quelques arbres fruitiers aux fruits goûteux, des «reiné-gris» [24], des «reines des reinettes», des «pommes de blanc», de la richard, une curieuse pomme anisée et de la grillot, appelée aussi «loquette» parce que ses pépins libres dans leurs loges faisaient un bruit de grelot lorsqu'on la secouait. Tous ces fruits provenaient de greffes prélevées au grand verger du marquis de l'Aubraye où son père jardinier avait été employé.

Les enfants, après s'être régalés, s'égaillaient dans la nature. Les filles faisaient du canevas ou de la broderie, tricotaient avec de fines broches de fragon, les aiguilles des châtelaines, taillaient dans du bois de brémaille des coupe-papier aussi coupants que de vraies lames, sifflaient dans des flûtes improvisées avec de jeunes brins de saule ou de seigle. Les garçons préféraient modeler de la vaisselle éphémère dans de l'argile, construire des petits moulins au milieu des ruisseaux ou bien lacer des collets avec le crin des chevaux pour prendre des perdrix recroquevillées au fond des labours, qu'ils rabattaient vers leurs pièges en poussant de hauts cris.

Quand la fleur de salsifi, sous l'insistance du soleil à son zénith, se refermait, la vieille Louise rappelait les enfants pour la pause du déjeuner. Après ce nouveau repas reconstituant, la vieille femme allongeait ses jambes au soleil ou approchait au plus près ses pieds du feu. Alors, elle berçait les enfants de chansons ou de contes. Elle faisait vivre avec talent saint Martin qui avait pris son aiguillon à bœufs au père Loriot pour faire jaillir les fontaines du village, le pathétique Roland à Roncevaux avec sa fidèle épée Durandal, le conte de «Pou et Puce», les apparitions des fées qui font bouger les pierres ou les histoires de famille du marquis de l'Aubraye, les mésaventures des

gardes-chasses et des braconniers du canton. Ils s'endormaient bientôt, le temps d'une petite «mésienne» [25] où ces images se bousculaient dans leurs rêves.

A leur réveil, elle leur distribuait, suprême récompense, des images de la Sainte Vierge qu'elle tirait d'une poche spécialement cousue à cet effet, les mettait en garde contre «l'herbe qui égare», une herbe ensorcelée, dit-on, sur laquelle on peut marcher

«Quelques champs, quelques prés où traînaient des brumes paraissaient eux aussi se serrer sur eux-mêmes, s'attacher encore aux maisons, à l'abri de leurs échines moussues, sous la tiède haleine des fumées.»
M. Genevoix, Marcheloup, 1934.

sans s'en rendre compte et qui annihile aussitôt toute faculté d'orientation, ou confiait aux «poques» les secrets de beauté de la «crème de mai». Pour faire disparaître les taches de rousseur, ou simplement garder un teint rose et frais toute l'année, il fallait se frotter le visage, dès l'aurore des premiers jours du mois de mai, dans l'herbe mouillée par la rosée. Les gardiens des troupeaux se précipitaient dès l'aube pour en faire aussi profiter leurs bêtes qui donneraient un lait très crémeux dont on ferait ensuite le «beurre de mai», onguent réputé aux vertus bienfaisantes.

Pêche d'étang. L'hiver arrivait vite et, après les premières gelées, commençaient les pêches d'étang. De solides gaillards soulevaient l'œillard des Marsaults qui laissait s'écouler lentement pendant plusieurs semaines son eau active, découvrant peu à peu de larges plages pâles bordées de roseaux, de quenouillées et de massettes

frémissantes. Le chenal ne retenait bientôt plus que les poissons enserrés dans un filet de boue. La veille du jour de pêche, ils veillaient leur provende et dressaient sur le sable de grands feux de joie autour desquels ils se réchauffaient en buvant de la bernache ou du vin chaud. Au matin, l'étau s'était encore resserré. Les dos des carpes dessinaient dans ce sillon bourbeux, où les hommes viendraient bientôt s'enfoncer jusqu'à la taille avec leur «aveniau» [26], d'innombrables accents en demi-lune aux reflets métalliques.

Il faisait froid. Souvent on cassait la glace à grands coups de masse pour libérer la boue que les pêcheurs piétinaient ensuite vigoureusement. Ils fouillaient l'eau vaseuse à pleines mains gantées pour dénicher les anguilles ou de fuyantes «chatouilles» [27]. Bientôt les poissons grouillaient dans les «corbillots» [28] en osier. Carpes aux lèvres lippues, vertes tanches, goujons au ventre blanc dégageaient dans leurs soubresauts désespérés une gluante odeur de fermentation marine. Maman-Douce les arrangerait bientôt en croustillantes fritures ou les enroberait d'une prometteuse sauce au beurre vinaigrée.

Les étangs non vidés se figeaient sous une épaisse couche de glace, livrés aux drôles et aux drôlines pour d'enivrants jeux

Dans le matin frais, des hommes serrés dans leurs cirés cassent la glace avant de recueillir dans de soyeuses épuisettes des «alevins soubresautant dont le grouillis emplit l'air d'un grésillement convulsif et mouillé».

de glisse. Quand tous étaient là, ils faisaient une farandole et virevoltaient en riant. Florentin, plus impétueux, courait seul sur la surface glacée avec ses sabots cloutés. Il prenait son élan puis fendait l'air dans un baiser sifflant, patinait avec ivresse, aussi léger qu'un papillon. Un jour qu'il passait un peu trop près de la bonde, on entendit soudain comme un coup de tonnerre : «Crr-raou !» La glace venait de claquer sous son passage mais il glissait si vite qu'il évita de justesse le bain forcé. Depuis cet avertissement, les enfants désertèrent l'étang. Ils préférèrent danser la polka au clair de lune sur la place du village ou se laisser porter dans les chemins de traverse par le vent qui s'engouffrait dans leur capuchon, dont les cornes relevées au-dessus de leur tête imitaient une voile...

Les assemblées. Le printemps s'installait, peignant les fossés de jaune et de violet, et le chant guilleret des oiseaux annonçait la première assemblée. Chaque village avait la sienne, réglée par l'anniversaire de son saint protecteur. La fête foraine s'installait le temps d'une journée et la soirée se terminait par un bal-parquet. Temps de retrouvailles où l'on achetait un costume pour l'année et où les journaliers se louaient à un nouveau patron pour une saison. La veille, Maman-Douce, profitant de quelques dindons à faire paître, emmenait Silvine se baigner dans les anciens viviers d'un château fort en ruine, envahi d'aubépines et de lierre, situé au milieu du Petit Bois, et lui «torsillait» de longs «chichis» maintenus par deux faveurs rouges avec des anglaises de papier et de l'eau sucrée.

Dès la fin de la matinée, la foule se pressait entre les stands, on se donnait de grands coups de coude, on se saluait avec exubérance, la bouche déjà écœurée de friandises : aériennes barbes à papa, tortillons multicolores de sucres d'orge, nougats bruns de caramel dur. Mais surtout l'air véhiculait la chaude odeur de la pâte de sucre bariolée des berlingots que les confiseurs étalaient sur des plaques. Les hommes se réfugiaient aux cafés où coulaient des vins jeunes et friands tandis que les marchands de sirop de menthe ou de «coco», se frayant un passage dans la foule, proposaient aux chalands leurs boissons désaltérantes.

– A la fraîche, qui veut boire à la fraîche ? Un sou le gobelet !

Secouant sa clochette, le vieux marchand de coco essayait dans ce brouhaha d'attirer l'attention. Il portait sur son dos une fontaine retenue par des bretelles et un collier de gobelets en fer-blanc tintinnabulait autour de son cou. Deux robinets au long col de cygne cernant ses flancs

«Tout le monde se connaissait. On se saluait, on se souriait, on offrait des sucettes aux enfants. Que de petites mains poisseuses, que de museaux ensalivés !» M. GENEVOIX, La Loire, Agnès et les garçons, 1962.

distribuaient une infusion froide de racine de réglisse.

Après la fête de la Saint-Jean, l'autre grande fête de l'été était celle du 14 Juillet. A cette occasion, toute l'école préparait des lampions de fleurs en papier qui maquillaient les rues et, le matin de la Fête nationale, M. Armand tendait une corde entre deux arbres de la cour où il suspendait des sacs de toile renfermant des jouets offerts par Mme la marquise de l'Aubraye. Celle-ci bandait les yeux des enfants, les faisait tourner sur place puis leur glissait dans les mains une paire de ciseaux. Ils devaient couper le fil pour emporter le cadeau. Silvine avait repéré un sac plus long que les autres. Elle s'en approcha et tâtonna. «Pourvu que ce soit la poupée !» espérait-elle en son for intérieur. «Crac!» Elle coupa le fil, enleva vivement son bandeau, ouvrit nerveusement le sac et découvrit... une belle poupée à tête de porcelaine aux dents peintes en blanc. Elle n'en avait jamais eu et la nomma Gilberte.

L'année suivante, toute la famille se rendit en carriole à Romorantin pour assister à un grand événement : le départ d'une montgolfière. Émerveillée, Silvine vit ce gros ballon s'élever dans le ciel, guidé par la frêle perche de ce drôle de petit bonhomme au chapeau rond, juché en haut d'une échelle double. Puisqu'il semblait commander à une chose aussi grosse, comment Silvine ne pourrait-elle pas croire à la réalisation de ses rêves ?

Elle avait maintenant douze ans. Un jour que sa mère faisait son lit, Gilberte tomba et se brisa en mille morceaux sur les tommettes rouges. La marquise de l'Aubraye, qui semblait bien l'aimer, lui offrit sa robe de première communion avec la couronne de fleurs, le voile, les gants, l'aumônière et le missel. Philomène était partie habiter de l'autre côté de la ligne de chemin de fer. Florentin ne s'occupait plus d'elle et préparait avec sérieux son certificat d'études. Aussi prit-elle l'habitude de la solitude. Elle filait sous les hautes futaies, ramassait au passage quelques helvelles crépues, croquait négligemment quelques fines girolles et rapportait à la maison des «oreilles de chardon» qu'elle faisait sécher pour regarder longtemps la sculpture naturelle de leurs vagues irrégulières. Elle braconnait seule, savait repérer les musses des garennes, se méfiant de n'être surprise ni des redoutables La-Loi ni des rouliers qui formaient au cœur des bois une société à part. Au moindre bruit suspect, elle retrouvait les spacieuses et sereines landes, vallonnées de touffes de bruyères et de lichen

«On se pressait, on se sentait les coudes, on tournait en famille sur l'esplanade triangulaire, entre les tentes collées les unes aux autres, dans une odeur de pâtisserie chaude, d'absinthe et de berlingots.»
M. GENEVOIX, La Loire, Agnès et les garçons, 1962.

vert d'eau où elle rêvait de blanches fées. Un jour, en arrivant dans une clairière, il lui sembla que le sol bougeait : des lapins à touche-touche formaient un véritable tapis vivant et soyeux. Sur le chemin du retour, elle glanait au passage dans un fossé quelques orchis tachetés avant de revenir longer l'étang des Marsault aux eaux luisantes.

Lors d'une course plus lointaine, elle entendit dans les bois des bruits inhabituels. Elle se tapit sur la mousse, protégée par un garde-fou de genêts et aperçut, au loin, se dresser les tourelles d'un château qu'elle ne connaissait pas et que l'on finissait de construire. Beaucoup plus imposant que le familier château du marquis de l'Aubraye entouré de douves carrées, il disparut bientôt, happé par une nappe de brouillard. Silvine crut à un songe et le nomma le «château des brumes»... Elle ne savait pas encore que sa vie, à peine esquissée, allait désormais se jouer à l'ombre de ces murs de brique orangée.

«Elle se coula dans le fossé. Rêveur un peu, Raboliot la regarda disparaître : une petite forme sombre, une fumée silencieuse, et elle n'était plus là.»
M. Genevoix, Raboliot, 1925.

La bricoline

«AU COIN DU BOIS DÉBOUCHAIT, ENTRE DEUX POTEAUX
BLANCS, UNE ALLÉE OÙ MEAULNES S'ENGAGEA.
IL Y FIT QUELQUES PAS ET S'ARRÊTA, PLEIN DE SURPRISE,
TROUBLÉ D'UNE ÉMOTION INEXPLICABLE.»
ALAIN-FOURNIER, *Le Grand Meaulnes*, 1913.

L'arrivée au château des brumes. Un matin, âgée à peine de treize ans, tout juste éveillée par la froidure, emmitouflée dans un capuchon trop court et un balluchon serré sur ses genoux, Silvine, ballottée dans la carriole à côté de son père, tournait dans l'allée de service du château de la Chesnaye. Écartant peu à peu les branchages, émergeant de la brume matinale, elle vit s'avancer vers elle les quatre tourelles du majestueux château de briques rehaussé de pierres blanches flambant neuves.

Mme la marquise de l'Aubraye l'avait remarquée depuis le jour de la fête du 14 Juillet où, dans la cour de l'école, la fillette avait trouvé avec beaucoup d'opportunisme le sac qui contenait la poupée. C'est elle qui avait conseillé à sa fille, jeune mariée, de la prendre à son service. Le majordome, par l'intermédiaire du régisseur, avait pris contact avec ses parents et ils s'étaient mis d'accord. Entrer comme domestique dans un château était considéré comme une promotion sociale non négligeable et assurait un emploi avantageux tant au niveau du salaire que de l'éducation. Aussi la «poque» Silvine fut engagée comme «bricoline», c'est-à-dire «vaque-à-tout», aide à la cuisine.

La belle et courtisée Mlle Hermance, héritière du château de l'Aubraye, venait de se marier à M. Jacques Maillet, de cinq ans son aîné, le très riche cofondateur d'une de

«Elle vit s'avancer vers elle les quatre tourelles du majestueux château de briques rehaussé de pierres blanches flambant neuf.» Ci-dessus : Elégants personnages du Grand Meaulnes filmés par Albicoco.

ces nouvelles compagnies d'assurances parisiennes. Ils s'étaient rencontrés lors d'une chasse à courre et bien que ce mariage fût une mésalliance — mot grave et lourd de sens dans ces familles —, Mme la marquise avait poussé son mari à accepter cette union, faisant preuve d'une grande ouverture d'esprit pour son époque et d'une certaine lucidité. A tout prendre, la marquise préférait voir sa fille heureuse et avoir le plaisir de dorloter ses petits-enfants.

Féru de chasse comme tous ceux de sa nouvelle caste qui recherchaient les plaisirs de l'Ancien Régime, M. Maillet venait d'acheter une propriété de plus de deux mille hectares qui longeait celle de ses beaux-parents et sur laquelle se trouvait une grosse demeure du XVIIe siècle. Jugée sans âme, elle fut enveloppée d'un vêtement de briques et de pierres, on rehaussa sa toiture et on l'habilla de quelques tourelles plus... châtelaines.

Le type d'architecture avait fait l'objet de longues discussions dans le couple. Monsieur, comme tant d'autres de ses amis, aurait aimé construire une «folie» : un manoir anglo-normand rayé de poutres noires aux toitures pointues, un château en briques aux cheminées hautes et insolentes, un cube néogothique, aplati par une terrasse ornée d'échauguettes et de mâchicoulis ou encore utiliser des matériaux d'avant-garde comme un certain Gustave Eiffel qui venait de construire dans la région une toiture entièrement en béton. Mais la jeune épousée argua de la proximité des châteaux du Val de Loire pour rester fidèle à une forme plus classique, rectangulaire, néo-Louis XIII. Elle n'accepterait de faire des concessions au goût du jour que pour l'aménagement de certaines pièces intérieures.

Dans sa chambre parfumée, Mme Hermance a préparé pour sortir son éventail de plumes d'autruche au panache d'ivoire, sa trousse de dame brodée de fils d'argent, son face-à-main, ses jumelles de théâtre en nacre et son crochet à boutons pour défaire ses gants...

Silvine bricoline. Gaston déposa sa fille chez le régisseur qui l'accompagna au château. Le majordome l'attendait au rez-de-chaussée dans l'office jouxtant la cuisine. Quand elle entra dans la vaste salle pour y être présentée, son regard fut aussitôt happé par la brillance rousse des casseroles qui, comme de multiples petits soleils couchants, s'étageaient sur toute la hauteur du mur. Plusieurs personnes s'affairaient autour du fourneau en fonte aux petites portes cadrées également de cuivre. La pièce baignait dans une lumière tamisée glissant des fenêtres horizontales qui touchaient le plafond. Mais surtout une odeur l'enveloppa : l'odeur des essences de gibiers qui mijotaient, des pâtisseries qui sortaient du four, une grisante odeur de caramel cuit à la fois sucré et salé, la même odeur qui se dégageait dans la maison quand Maman-Douce sortait ses gâteries du four à pain mais démesurément amplifiée. Tout ici sentait l'opulence...

On lui indiqua sa chambrette, au dernier étage du château, sous les combles, et, empruntant l'escalier de service, elle monta se changer. Elle trouva, posée sur son lit, une tenue propre, toute neuve, raide d'amidon, et noua par-dessus un jupon en cotonnade bleue un large tablier blanc terminé par un beau nœud aux ailes gonflées. Armée d'un tour de cou et d'un torchon à carreaux, elle redescendit en sautillant, à la découverte de sa nouvelle fonction.

Le nom de «bricoline», très usité dans le milieu paysan, désignait une domestique de ferme. A l'origine, il s'employait au masculin, on appelait «bricolin» le second charretier qui, aux champs, tenait le cheval par sa bricole. Il avait été étendu ensuite à «homme ou femme à tout faire». Silvine avait donc été engagée comme vaque-à-tout. Elle épluchait les légumes, secouait la salade, essuyait la vaisselle, lavait les dalles de sol sous l'œil vigilant d'Aglaé, la cuisinière. On jaugeait ses aptitudes, son application, sa vivacité. Puis on lui permit d'approcher le fourneau : elle tournait les confitures, surveillait une ébullition. Elle ne se plaignait pas et prit goût à ce qu'on lui faisait faire. Dans d'autres châteaux, on employait des gamines comme elle uniquement pour porter un parapluie ou une ombrelle au-dessus des plats que l'on transportait de la cuisine au château, quand ces bâtiments étaient séparés. Elle, au moins, voyait des choses plus intéressantes et avait plaisir à participer à leur élaboration, ne fût-ce, tout d'abord, que modestement. Surtout, elle ne quittait pas du regard ce livre posé sur la table de cuisine, largement ouvert, qui épanchait nonchalamment, comme une belle épanouie, sûre de ses charmes, ses tendres secrets à l'oreille attentive d'Aglaé : le cahier de recettes. Silvine ne connaissait que ses livres rose et bleu de lecture, outre quelques autres, entrevus chez le maître d'école mais qu'elle n'avait jamais pu ouvrir. Elle avait appris à écrire avec des craies et une ardoise et, à la maison, il n'y avait que des almanachs. Dans le livre d'Aglaé, on pouvait écrire, glisser de nouvelles pages, retrouver, annoter et compléter ses connaissances. Ce fut décidé, avec ses premiers gages, Silvine s'achèterait un cahier renforcé de toile et consignerait elle aussi ses recettes comme autant de secrets amoureux...

Le domaine de la Chesnaye. En attendant, Silvine découvrait le fonctionnement d'un domaine de chasse en Sologne, réglé selon une véritable organisation militaire.

Tout commençait très tôt le matin. Dès six heures l'été, sept heures l'hiver, se

La chambre de Silvine au château de la Chesnaye : lieu d'échange des vêtements, moment symbolique de son changement de condition.

réunissait devant le bureau du régisseur plus de monde qu'elle n'en voyait au village en plein midi un jour de marché. Chacun venait chercher son ouvrage pour la journée. M. Maillet faisait à cheval le tour du propriétaire et croisait la première équipe de gardes-chasse qui rentrait de tournée. Si parmi eux, quelqu'un n'avait pas sa cravate, il était sévèrement réprimandé. M. Maillet ne badinait pas avec l'uniforme. Le premier garde-chasse en chef se présentait avec son équipe de six gardes. Venait ensuite le deuxième premier garde-chasse, responsable de six autres gardes répartis sur une autre parcelle de la propriété et qui s'occupaient plus spécialement de l'élevage du gibier. Tous se présentaient dans leur superbe costume de velours gris côtelé rehaussé d'une ganse rouge, en faux col et cravate noire, boutons de cuivre rutilants à tête de cerf sur les poches, tête de renard sur le devant et tête de sanglier sur les manches, culottes de cheval bouffantes emprisonnées aux chevilles dans des

guêtres de cuir sanglées, tortillant à la main leur casquette à la fameuse trompe de chasse brodée de fils dorés, emblème de leur corporation. Ils recevaient par an un habit d'hiver et un habit d'été en coutil aux mêmes couleurs ainsi que douze chemises blanches, douze cravates noires et une paire de chaussures en cuir faites à leur mesure par le cordonnier du village voisin. Ils n'avaient même pas le temps d'user leurs vêtements que déjà la régie leur en distribuait de nouveaux.

En général, on aimait les choisir grands et robustes. Ils étaient tous originaires de Sologne. Avec leur képi, leur habit de fière allure, le pouvoir de dresser des procès-verbaux, ils devaient, en principe, en imposer aux braconniers récalcitrants et avaient en tout cas l'air de «quelqu'un». Elevés socialement par le port de l'habit, ils jouaient les farauds et s'obligeaient à des allures distinguées, à une certaine correction de langage ou au moins à un certain effort de dignité : on devait sentir leur «commerce avec les gentilshommes», même si certains abusaient de leurs prérogatives...

Le travail principal d'un des gardes, Labonnette, par exemple, consistait à faire des rondes sur le domaine [29], éliminer les animaux nuisibles pour le gibier et assurer l'agrainage. Il partait tôt le matin, la plupart du temps alors qu'il faisait encore nuit, une musette remplie de grains sur le dos et parcourait des dizaines de kilomètres dans la forêt, courant par des sentes étroites remplir des fûts éparpillés. Il rentrait vers neuf heures trente pour déjeuner d'un filet de hareng saur, d'une omelette aux cives et de longues mouillettes trempées dans le café au lait et repartait encore l'après-midi. Certains sous-gardes se postaient aux limites du domaine, trop grand pour être enclos, et

«L'âcreté du terreau mouillé sur quoi fermentent les feuilles mortes, les effluves légers des résines, l'arôme farineux d'un champignon écrasé en passant»... M. GENEVOIX, Raboliot, 1925.

telles des figures de proue arpentaient les lisières en tapant sur des casseroles ou sur les troncs des arbres pour faire peur aux faisans et les empêcher de sortir en attendant l'installation de cordages à banderoles.

Les champignons — sauf visiteur imprévu — leur étaient réservés. Ils pouvaient les manger ou en faire commerce ; c'était ce qu'on appelait «la part des gardes». Aucun intrus, même parmi les membres du personnel, n'était toléré en forêt car il aurait dérangé les animaux.

Les gardes-chasse habitaient avec leur famille dans des «chalets» disséminés sur la propriété et, avec les charretiers qui occupaient les fermes, ils étaient vingt-sept couples.

M. Leigny, par exemple, un des charretiers, était chargé de cultiver du blé noir (le sarrasin) pour la simple alimentation du gibier. On lui avait alloué une charrue et deux chevaux gris pommelés assortis. Il ramenait tous les soirs ses bêtes dans l'écurie mitoyenne de celle des chevaux de chasse à courre. Il se servit ensuite des premiers tracteurs à pétrole et des premières moissonneuses-batteuses. Lui et sa femme étaient logés, chauffés, éclairés et pour la première fois de leur vie ne travaillaient que dix heures par jour alors que dans les fermes où ils avaient été employés auparavant, il fallait œuvrer jusqu'à la tombée de la nuit. De plus, les jours de chasse, M. Leigny suivait ces messieurs pour charger et nettoyer leur fusil et gagnait à chaque fois une petite pièce — souvent un louis d'or ! — supplémentaire. Avec les pourboires d'une seule journée, il doublait son salaire...

M. Maillet considérait que leur fixe et ces «petits» appoints devaient suffire au revenu des gardes et des charretiers. Il aurait pris pour une injure le fait que leurs femmes travaillent. Elles s'occupaient de leur ménage, du potager, de quelques volailles et de quelques ruches pour leur consommation personnelle. On leur tolérait des travaux de couture à façon pour les domestiques du château.

Les «hommes à toute main», les journaliers, au nombre de cinq ou six, venaient eux aussi se présenter chaque matin au régisseur. L' hiver, ils s'occupaient de scier du bois, de le façonner et de l'apporter à la réserve des communs. Ils se chargeaient toute l'année de l'entretien des sentiers, des allées, des gros travaux de terrassement mais surtout de monter les «fermés» pour piéger les lapins. Ils déroulaient sur une parcelle d'environ cent mètres sur cent de

En haut : Mme Hermance en promenade du matin emportée par son impétueux trotteur, Gulliver. En bas : Vue des communs où l'œil cyclopéen de l'horloge règle la vie du domaine.

gros rouleaux de grillage tout en préservant des ouvertures basses qu'ils laissaient ouvertes pendant trois semaines ou un mois. Puis, le plus souvent la nuit précédant une chasse, ils bouchaient les trous, refermant le piège. Les gardes ou les chasseurs venaient alors détruire le millier de garennes qui s'y étaient engouffrés. Les lapins pullulaient tellement qu'ils étaient considérés comme un véritable fléau mais c'était aussi une source de profit pour ceux qui revendaient séparément chair et peau. On destinait en général cette manne à un jeune ménage qui s'installait.

Près du château, outre le régisseur, habitaient les responsables des deux principaux moyens de locomotion : les chevaux et les automobiles.

Cinq cochers et deux palefreniers dirigés par un piqueux s'occupaient des chevaux. En outre, pour la chasse à courre, une meute d'une trentaine de chiens était également gardée par deux valets dans l'une des fermes des environs. Quand ni Madame ni Monsieur ne montait, les cavaliers promenaient les chevaux de chasse pur-sang selon un circuit précis qui les entraînait toujours, sur le coup de midi, vers le bistrot du village où le patron leur offrait l'apéritif... sur le compte du châtelain !

Quant aux automobiles, elles passionnaient Silvine ! Un ancien cocher, solognot d'origine, Alcide, venait de passer son permis de conduire, le premier délivré en Loir-et-Cher, et avait eu à cette occasion les honneurs du journal. Au volant d'une petite Le Zèbre puis d'une Panhard à roues cerclées, il était chargé des courses dans les villages environnants et on l'appelait pour cela le «courantin». Un jour, il sortit plus de quatorze fois !

Chaque membre de la famille avait son chauffeur attitré, diplômé d'une école de mécanique. Le chauffeur de M. Maillet s'appelait M. Baron, ce qui donnait lieu à

Du côté des écuries, des cochers aux longs favoris à la mode anglaise présentent les purs-sang.

de curieux dialogues, le baron n'étant pas toujours celui que l'on pensait !

– Baron, demain nous aurons trente kilomètres à faire.

– Bien, Monsieur.

Baron révisait le moteur de la Doriot-Flandrin-Parent, qu'il était capable de démonter et remonter entièrement car une quelconque panne lors d'un trajet aurait offensé son honneur. En route, Monsieur, confortablement installé dans l'odeur du cuir et du jasmin, lui donnait ses ordres par cornet acoustique

Durant les premières semaines, Silvine se faufila subrepticement dans les alvéoles bruissantes de cette immense ruche. Elle poussa les portes odorantes des écuries, de la sellerie, de la bourrellerie, du garage, de la buanderie et de la basse-cour et découvrit avec émerveillement la curieuse pagode chinoise achetée à l'Exposition universelle où se cachaient les réserves d'eau, tirée de la rivière voisine par un puissant bélier [30]. On avait aménagé, au premier étage, un surprenant salon panoramique entièrement décoré de panneaux peints représentant des oiseaux et des insectes aux couleurs vives, où Mme Hermance se retirait parfois.

Du côté opposé se trouvaient la vaste orangerie [31], le potager et le verger [32] d'un hectare chacun, entourés de hauts murs, au-delà desquels on avait planté une vigne [33]. Mais plus beau que tout était le parc, envahi de coussins de fleurs, façonné par dix-sept hommes sous la houlette de M. Julien, «jardinier quatre-branches» auquel Mme Hermance avait fait donner des leçons de latin afin qu'ils puissent ensemble bavarder de botanique. Il habitait l'accorte petite demeure à l'entrée de l'allée de service et veillait également, comme à la prunelle de ses yeux, sur trois serres : une serre à œillets, une à raisins et une contenant d'énormes plantes vertes inconnues de Silvine, qui balançaient leurs branches chantournées, longues et souples, au-dessus d'une centaine de fleurs bizarres, traîtreusement vanillées. M. Maillet, outre la chasse, vouait une passion enthousiaste aux orchidées. Il en faisait collection depuis plusieurs années et se réfugiait là pour les soigner. Il en était si grand amateur que la maison Vacherot-Lecoufle venait de lui dédier une de ses dernières créations, marque d'honneur entre toutes à laquelle il fut très sensible...

La cuisine d'Aglaé. L'organisation intérieure du château n'était pas moins hiérarchisée. La brigade de cuisine, composée tout d'abord d'Aglaé, le maître queux, secondée par un marmiton aide-saucier, un pâtissier, son aide, ainsi que de trois femmes dont la jeune Silvine, s'augmentait pendant les mois de chasse du personnel de l'hôtel particulier de Paris. Quand Madame

Détail de la serre aux orchidées où des catleyas illuminent de leurs feux orangés une verte chevelure de vigne.

et Monsieur descendaient en Sologne, trois maîtres d'hôtel, deux femmes de chambre et un valet de pied — il était très chic d'avoir un valet de pied noir — les précédaient au château quelques jours auparavant pour préparer leur venue. Six lingères officiaient à temps complet et le personnel était dirigé, selon le cas, soit par le majordome, soit par la gouvernante.

Seule Aglaé, la cuisinière, connaissait Mme Maillet du temps où elle s'appelait encore Mlle Hermance car elle avait été formée chez ses parents, M. et Mme de l'Aubraye. Ils avaient insisté pour qu'elle suive leur fille afin de veiller à la bonne formation de son nouveau personnel de cuisine. La cuisinière était entrée à leur service à l'âge de douze ans : elle sortait de l'Assistance publique. Arrondie par la gourmandise et montrant des dispositions certaines, ils l'avaient envoyée parfaire sa technique à Paris auprès d'un cuisinier, membre de l'Académie de cuisine et disciple des nouvelles théories d'Auguste Escoffier. Autant dire qu'elle savait faire les sauces...

Invariablement, elle montait tous les matins à huit heures prendre ses ordres dans la chambre de Madame, qui la recevait en déshabillé de soie chinoise brodée, tout en prenant son petit déjeuner devant la cheminée.

– Madame, c'est pour le déjeuner.

– Ah ! que pouvons-nous faire aujourd'hui ?

– Ce que Madame voudra.

Mais, sous ses airs timides et dociles, la cuisinière avait déjà élaboré tout son menu et rien ne lui en ferait démordre. Madame le savait bien et lui faisait entièrement confiance. La châtelaine lui précisait le

Près du château, de larges flaques de lumière fleurie annoncent le printemps et le retour de la famille Maillet.

nombre de convives et lui rappelait les habitudes de chacun. L'assaisonnement de la salade, en particulier, était toujours prétexte à d'interminables manies qui agaçaient tout particulièrement Aglaé. M. le curé, par exemple, souvent invité les dimanches soir, aimait la salade confite, gardée de la veille, Madame aimait la salade tournée une heure auparavant et Monsieur, juste au moment de servir...

Aglaé redescendait et commençait alors, dans la cuisine encore froide de la nuit, le va-et-vient de la matinée. M. Leigny, le charretier, apportait du charbon pour le fourneau. Une jeune fille de la ferme venait livrer les œufs et la crème du jour pour faire le beurre frais, battu tous les matins. L'épicier livrait des bonbonnes d'eau de source protégées de la lumière par un treillis d'osier. Un jardinier en venant apporter les fleurs, changées tous les deux jours [34], prenait la commande des légumes et revenait une heure plus tard, son âne portant de vastes panières garnies de bottes de carottes, de navets et de poireaux, juste sortis de terre et lavés à grande eau dans le bassin de pluie. Un maître d'hôtel partait avec un seau et un pic chercher de la glace à la glacière, petite chapelle à demi enterrée dans l'ombre du bois. Au mois de décembre, on y entassait de lourds pains de glace bleutés qui fondaient tout doucement et se conservaient jusqu'à la fin du mois de juin. Lors des hivers les plus rudes, on cassait aussi sur les étangs gelés d'encombrants morceaux de glace pointue qui servaient ensuite à rafraîchir la saumure de la sorbetière à main dont Silvine tournait la manivelle avec acharnement, sachant qu'elle goûterait la première à ces «spooms» légers et vaporeux, sorbets très mousseux à base de jus de fruits ou de vins.

Deux autres petites pièces communiquaient avec la cuisine : un garde-manger renfermant la réserve de batterie de cuisine, conserves et provisions ainsi qu'une «souillarde» où on nettoyait ce qui pouvait être «souillé», légumes et vaisselle. Cette dernière pièce était accolée à une petite entrée où l'on déposait les marchandises et où les enfants des domestiques habitant les communs venaient chercher un pot en grès étiqueté à leur nom contenant du jus de rôti bien riche [35] qu'Aglaé leur réservait pour assaisonner leurs plats.

Aglaé, comme tout cordon-bleu, avait ses spécialités, son menu fétiche. Pour une réunion de vingt-cinq ou trente personnes, elle aimait préparer :

– une bisque de homard ou un potage avec des perles, petites boules de tapioca, très à la mode,

– un fricandeau dénommé «fricandeau de M. le Marquis» car il faisait le régal du père de Mme Hermance. Aglaé commençait à le préparer deux jours à l'avance et il mijotait mystérieusement pendant des heures dans une veille braisière en cuivre, crêtée de triangles pointus qui retenaient des braises de charbon de bois, délaissé sur un coin du fourneau, parachevant seul son alchimie intérieure...,

– un spoom de vin de Champagne,

– une dinde, engraissée patiemment par le basse-courier au blé et à l'orge, rôtie, truffée et fourrée, qui serait découpée à table, selon les coutumes ancestrales de l'hospitalité par le maître de maison,

– des escalopes de foie gras chaud aux raisins disposées sur des croûtons,

– et, pour finir, après le fromage, un gâteau aux amandes poudré d'une vaporeuse glace de sucre, appelé «l'étoile du

Dans la fraîcheur du sous-bois, la glacière moussue émerge de la verdure telle une chapelle antique.

berger», accompagné avec le café de tuiles au citron et de caramels mous.

Silvine s'étonnait parfois du nom de certains plats : le «spoom» apparaissait dans ses rêves éveillés comme un ballon que l'on ne pouvait cesser de faire rebondir, l'«étoile du berger» lui rappelait invariablement des scènes de rêvasseries dans les champs avec Mémère-Grand, les «perdreaux sur canapé» la firent également longtemps rêver, moins cependant que ces fruits, rapportés un jour de Paris, au goût de fruit rouge enrichi par des saveurs automnales, grenus et charnus sous leur peau violacée, auquel sa gourmandise ne pourrait plus résister : des figues !

Ah ! Mon beau château. Plus secret encore que le domaine et les communs, le château se livra petit à petit à Silvine. La première fois, ce fut quand on l'envoya chercher des torchons propres à la lingerie. Six femmes du pays repassaient dans une pièce claire, embuée par l'odeur constante du chaud mouillé. Parmi elles, seule une dénommée Nathalie était habilitée à repasser les tenues de chasse et à bomber les jabots blancs de vénerie de Monsieur.

Les torchons encore tièdes dans les bras, Silvine redescendit par l'escalier principal accompagnée par une femme de

chambre et fut émerveillée par l'incroyable décor qu'elle découvrit. Elle aperçut la longue enfilade du deuxième étage, si dissemblable du reste du château avec son couloir voûté pointu comme les arcs de l'église du village, théâtralement précédé par un magistral drapé de velours couronné d'un dragon brodé au fil d'or sous lequel il fallait passer — sorte de porte initiatique — pour accéder aux chambres et à la bibliothèque de même style, garnie de fauteuils épiscopaux à haut dossier raide. Puis, en traversant le couloir du premier étage, l'étage d'apparat, elle aperçut par les portes entrebâillées la salle à manger, le salon de billard, le salon de jeux et le petit salon de musique. En ouvrant les grandes portes coulissantes de boiserie sculptée on pouvait transformer cette succession de pièces en une grande salle de réception occupant toute la longueur du château. A une extrémité, se trouvaient la salle des chasseurs et la salle d'armes et à l'autre, le bureau de Monsieur et le jardin d'hiver transformé en atelier de peintre pour Madame. Silvine ferma les yeux, étourdie un instant par l'odeur qui embaumait tout le château : un mélange douceâtre et tannique de cuir et de bois neuf sucré par l'iris et l'héliotrope en poudre dont la jeune châtelaine faisait garnir tous les tiroirs des meubles, enrichi par

A l'intérieur du château, de somptueux tapis de table et des drapés de velours richement brodés utilisent un style médiéval mis à l'honneur par les romans de Walter Scott. En haut : Portrait de Sarah Bernhardt à la gouache dans le style de Gustave Moreau.

l'âme exotique des discrètes mais tenaces orchidées...

Mme Hermance avait voulu dans sa nouvelle demeure secouer le joug des habitudes contraignantes de l'aristocratie provinciale et moderniser certains points de l'étiquette que lui avait pourtant consciencieusement enseignée sa mère. Elle se souvenait avec horreur du «jour» de ces dames où toutes les châtelaines, dans un rayon de vingt-cinq kilomètres, se recevaient ponctuellement chaque semaine pour papoter et colporter les moindres ragots sous le prétexte innocent de prendre le thé. Chacune préparait alors sa spécialité et ne franchissait le seuil de la cuisine qu'à cette seule occasion. La marquise de l'Aubraye avait appris d'une gouvernante anglaise à faire le plum-cake et chaque mardi matin se répétait le même cérémonial :

– Madame viendra-t-elle ce matin préparer son plum-cake ?

– Mais certainement, Aglaé ! répondait la marquise à la cuisinière.

Une heure plus tard, serrée dans un grand tablier blanc immaculé, elle descendait, majestueuse, à la cuisine et, dans une danse stérile d'inutiles moulinets de bras, étalait autour d'elle sur la grande table balances, bassines, cul-de-poule, fouets et cuillères, mettait à tremper ses raisins de Corinthe dans trop d'armagnac 1801, gâchait les œufs et poudrait toute la cuisine de farine blanche sous le regard consterné d'Aglaé qui, la veille, prévoyante, avait préparé un plum-cake. C'est en souvenir de ce regard que Mme Hermance avait décidé, au grand dam de sa mère, qu'elle n'aurait jamais de jour...

Il y avait aussi une coutume idiote qui consistait à servir le potage avant que les invités entrent dans la salle à manger. Le majordome venait annoncer au salon que Madame était servie, le maître de céans offrait alors son bras gauche, le bras du cœur et de l'épée, à la dame honorée qui devait s'asseoir à sa droite et lui ouvrait le chemin, passant toujours le premier dans la salle à manger pour rester fidèle à une vieille coutume chevaleresque du preux traçant la voie pour sa belle. Les autres

Dans la chambre de Monsieur, un ancien traîneau d'apparat nordique est reconverti en fauteuil à bascule et un rideau masque la porte d'entrée : harpe de tissu entre une armoire hollandaise à secrets en ébène et un coffre Renaissance.

convives suivaient. On s'asseyait. Les domestiques repoussaient les chaises... et la soupe était froide ! Mme Hermance avait pendant des années mangé son potage froid : c'en était assez ! Bien que cela ne se fasse pas, elle ferait passer une soupière à ses invités ; ce détail dérogeant à la règle pourrait toujours soutenir le début de la conversation...

Eusice, Baptiste et les autres. Une fois les premiers émerveillements passés, Silvine se fit un ami d'un des maîtres d'hôtel, Eusice, qui, année après année, lui apprit avec minutie les règles de tenue de maison, de mise de table et de bienséance qui feraient d'elle, plus tard, une vraie jeune femme accomplie.

Les trois hommes, premier, deuxième et troisième maître d'hôtel, dirigés par le majordome, accomplissaient des fonctions bien précises dans l'organisation du service du château. Ils s'occupaient le matin de l'entretien de la salle à manger et des salons, du nettoyage de l'argenterie et de la verrerie, de la mise en place et du contrôle des vins et de la cave ainsi que, bien sûr, de la mise de table et du service.

Dès huit heures, Eusice était dans le grand salon en tenue du matin, petit gilet rayé rouge et noir — le gilet jaune était réservé à l'hôtel particulier parisien — avec son grand tablier blanc pendant jusqu'aux pieds, le plumeau à la main. Puis, alors que Raymond, le maître d'hôtel en second, nettoyait la précieuse cristallerie, Eusice le

Les sièges raides et magistraux, surmontés de lions fiers, veillent sur les traités de chasse et de vénerie de la bibliothèque néo-gothique de M. Maillet.

rejoignait dans l'office, repaire des maîtres d'hôtel. Cette pièce attenante à la cuisine, à l'atmosphère plus tempérée, servait de réfectoire à la domesticité du château mais aussi de réserve et de lieu d'entretien du matériel. On y faisait également le café, on y entreposait des plats froids et les préparations qui seraient transportés ensuite à la salle à manger : beurriers, raviers de crudités, pain, compotiers de fruits, assiettes de petits fours, etc.

Comme la grande table était souvent occupée par quelqu'un d'autre, Eusice aimait s'installer sur un petit secrétaire ancien, incongru à cet endroit, dont il se servait pour écrire les comptes et ranger les menus outils de bricolage ainsi que le nécessaire à polir l'argenterie. Sur un vieux journal tourné à l'envers, une vieille habitude pour ne pas être distrait par la lecture pendant le travail, Eusice disposait, en corolle autour de la pièce en argent à nettoyer, tous ses précieux instruments à tête d'agate qui avaient le pouvoir d'enlever les rayures et de remettre l'argenterie massive à neuf. Il apprit à Silvine à distinguer les complexes usages des couverts et à différencier les petites pelles du service à petits fours, le couteau à fromage du couteau à

Dressée pour le dîner, la table émerge de l'ombre comme une île de fraîcheur où miroirs et cristaux jettent leur eau pure sur une nappe de fleurs de glycine mauves.

beurre, plus recourbé, le service à poisson des services à glace et à nougat.

Le majordome — ou, sinon, le premier maître d'hôtel — s'occupait de la surveillance des vins et de la cave. La cuisinière se mettait toujours bien avec lui et le gâtait un peu car de son bon vouloir dépendait en partie la réussite de ses sauces. Chaque membre du personnel du château avait un tonnelet à son nom, fermé à clé, principe qui devait éviter la jalousie et les vols. La cave approvisionnait aussi en vin le régisseur, le chef jardinier et les chauffeurs parisiens. Le majordome vérifiait également chaque matin le niveau des bouteilles d'alcool laissées dans le salon. De connivence avec M. Maillet, il faisait des marques sur chaque bouteille, ce qui lui permettait de détecter si quelqu'un venait boire en cachette. Il y veillait particulièrement car lui aussi devait rendre des comptes.

La mise de table occupait le restant de la matinée. Elle différait suivant le nombre de couverts et le type de repas. Pour un déjeuner «entre soi», Madame faisait mettre le couvert à l'anglaise avec des napperons de dentelle posés directement sur la table en bois, décorée d'un simple chemin de table en cristal garni de bouquets de violettes et de roses du jardin. Mais dès qu'il y avait un invité, si intime fût-il, la nappe s'imposait, même pour les déjeuners. L'hiver, quand les fleurs se faisaient rares, elle faisait dresser «le dessert» comme seul ornement du couvert, c'est-à-dire un confiturier à pied en cristal rempli d'une confiture de fruits rouges, de préférence à une marmelade de prunes ou d'abricots, jugée trop «ménage», deux compotiers de fruits de saison nichés dans de la mousse ou du feuillage, encadrés par deux assiettes à pied de petits fours, dattes ou fruits secs. Pour un dîner sans façon, la corbeille de fruits entourée de quatre petites assiettes à pied remplies de pâtisseries et de fruits confits faisait l'affaire.

Quant aux dîners de chasse, fleurs et candélabres se disputaient la préférence. Madame avait abandonné la guirlande de fleurs courant sur la nappe qu'elle jugeait trop «guinguette» et utilisait désormais comme centre de table un miroir ovale cerné d'une petite rigole garnie de mousse dans laquelle elle faisait piquer un double rang de fleurs d'orchidées ou de gardénias et, l'été, d'arums, d'iris ou de fleurs des champs, les unes se mirant avec les bougeoirs dans le miroir, les autres penchées vers la nappe blanche.

Pour les dîners encore plus prestigieux de chasse à courre, elle faisait disparaître la

A la façon d'une coiffe raffinée, la cloche à fromage au sortir de son carton à chapeau. Au domaine, une femme prénommée Victa fut employée toute sa vie à la confection des abat-jour, lambrequins, nappes et broderies diverses.

table sous une «nappe de fleurs». Les maîtres d'hôtel nouaient des centaines de petits bouquets de cinq ou six fleurs de la même espèce, qu'ils couchaient les uns sur les autres de façon à bien dissimuler les queues. Cette luxueuse couverture ne laissait de place qu'en sa lisière, pour dresser le couvert, et en son cœur, à une corbeille de roses se reflétant dans un miroir. Elle faisait réaliser généralement cette nappe florale avec des orchidées, mais parfois aussi, pour des dîners de clôture, tout en roses pompons ou avec les premières violettes de Parme...

Le majordome mettait la dernière touche à la table en dressant sur une tige, tel un éventail figé, le menu écrit en belles rondes sur le papier à en-tête du château. Puis il veillait aux bons enchaînements du service à la française, où les maîtres d'hôtel, en un ballet ininterrompu, présentaient les plats aux convives afin qu'ils se servent selon leur désir. Ce même type de service à la bourgeoise était de rigueur pendant toute la journée : la présentation d'une carte de visite, du courrier, d'une tasse, etc., devait se faire sur un plateau en argent.

Pour ces dîners de cérémonie, les maîtres d'hôtel revêtaient le classique habit noir à queue de pie, chemise et nœud papillon blancs. Mais, comme les gardes-chasse, leur tenue quotidienne était aux couleurs de la famille. Elle se composait d'un habit à queue de pie gris foncé à boutons noirs, d'un petit gilet rouge, d'un pantalon gris gansé de noir et, bien sûr, de gants de coton blanc. Une poche prévue à cet effet dans les basques dissimulait toujours une paire de rechange. Leurs chaussures vernies noires avertissaient de leur arrivée par un bruit sec et craquant.

Sur le vieux secrétaire de l'office, Eusice a disposé ses précieux outils à tête d'agate autour de la pièce en argent massif à polir.

Comme cela faisait chic, ils l'accentuaient encore en achetant chez l'épicier pour deux sous de «crac»...

L'entretien des chaussures était l'occupation principale du valet de pied de Monsieur, Baptiste, réputé pour faire les bottes et les chaussures «à l'os» comme personne. De retour de la chasse, M. Maillet lui abandonnait ses bottes de cuir noir, meurtries et salies par la boue. Il les enfourchait sur leurs embauchoirs, les lavait à grande eau puis, pour désincruster toute la poussière nichée dans les replis, les frottait avec une brosse un peu dure trempée dans du lait non bouilli. Il les essuyait très soigneusement avec un linge propre, doux et non plucheux et les badigeonnait de cirage liquide anglais, *with a circular motion* comme il était écrit sur la boîte. C'est alors qu'entrait en action l'os de chevreuil qui lissait et vernissait la botte du cavalier comme une resplendissante laque de Chine. Personne ne tirait autant de parti que lui de cet os énigmatique et quand on l'interrogeait sur ce mystère, Baptiste répondait, laconique, qu'il utilisait un peu de salive, beaucoup d'«huile de coude» et surtout qu'il «y mettait du sien».

Car tous les employés de ces grands domaines éprouvaient un inébranlable orgueil de leur fonction. Assurés de participer à un art de vivre d'exception, la fierté et l'application qu'ils mettaient à leur tâche leur permettaient de faire rejaillir sur eux une part de cette splendeur. Plus d'un émit le souhait d'être enterré dans son habit, symbole de sa condition. Ils emportaient ainsi dans l'au-delà une parcelle lumineuse de l'étoile riche et dorée qu'ils avaient pu un moment approcher...

Dans le «débotté» des gardes-chasse, alignement des fûts de cuir des jambières et des fières casquettes.

Le cordon-bleu

«ELLES PRENAIENT LES BARREAUX DES DEUX MAINS,
APPUYANT LE VISAGE CONTRE LE FER. UNE SENSATION DE RESPECT
LES ENVAHISSAIT, TENUES DE LA SORTE À DISTANCE, RÊVANT DU CHÂTEAU
INVISIBLE DANS CETTE IMMENSITÉ. [...]BRUSQUEMENT, AU DERNIER DÉTOUR,
COMME ON DÉBOUCHAIT SUR LA PLACE DU VILLAGE,
LA MURAILLE CESSA, LE CHÂTEAU PARUT, AU FOND D'UNE COUR D'HONNEUR.
TOUS S'ARRÊTÈRENT, SAISIS PAR LA GRANDEUR HAUTAINE DES LARGES
PERRONS, DES VINGT FENÊTRES DE FAÇADE, DU DÉVELOPPEMENT
DES TROIS AILES DONT LES BRIQUES S'ENCADRAIENT DANS DES CORDONS DE
PIERRE. [...] NANA, SUFFOQUÉE, EUT UN PETIT SOUPIR D'ENFANT.
"CRÉ NON !" MURMURA-T-ELLE TRÈS BAS, POUR ELLE-MÊME.»
É. ZOLA, *Nana*, 1880.

Silvine a pris la place d'Aglaé, vieillissante, qui ne peut, malgré tout, s'empêcher de revenir aider lors des grandes réceptions. Mme Hermance, redevable de tant d'années d'attentions culinaires, vient de l'installer dans une locature de la propriété, qui lui restera à jamais acquise. Grâce à ses judicieux conseils et à d'estimables quenelles au gratin et de délicieux beignets de fleurs d'acacia, Silvine a gagné la reconnaissance gourmande de tous et porte désormais le titre enviable de «cordon-bleu» [36]. Sa vie personnelle s'est également précisée car elle s'est éprise d'un jeune et ardent chauffeur venu de Paris, le bel Albert, qui va bientôt devenir son mari. Elle ne pourra pas avoir d'enfants mais reportera sa tendresse sur les quatre filles de Mme Maillet.

Ce fut quelques mois après la naissance de la première, Renée, qu'elle se rendit avec Madame à la soirée théâtrale du château des Rouies.

Le théâtre des Rouies. La nurse de la petite Renée avait dû rentrer brusquement en Angleterre et Mme Hermance, fort ennuyée, ne voulait pas manquer la soirée théâtrale du château des Rouies à laquelle elle était invitée chaque année. Toute la «gentry» solognote se trouvait là rassemblée sous le charme des ors et des velours de ce ravissant petit théâtre, niché dans le grenier du château. Elle eut l'idée de

Au bord du canal, frontière entre le civilisé jardin à la française et la plaine où, le soir, biches et cerfs apparaissent ; Mme Hermance s'est installée pour peindre quelques aquarelles.

demander à Silvine, envers laquelle elle manifestait une amitié certaine, de bien vouloir l'accompagner pour veiller sur son enfant.

Elles arrivèrent en fin d'après-midi, lors d'une chaude journée de septembre. M. de Mussy les attendait dans le grand salon pour leur souhaiter la bienvenue ; il leur proposa aussitôt un verre d'orangeade pour les distraire de la fatigue du trajet. Les châtelains invités venaient d'une quarantaine de kilomètres à la ronde et certains ne repartiraient que le lendemain après une nuit de repos. Les allées et venues dans le grand escalier commençaient. Ils s'installaient dans leur chambre, montaient précipitamment, essoufflés par les deux étages. Au bout d'un couloir étroit, le théâtre s'offrait soudain dans toute sa splendeur. Qui aurait pu imaginer que ce château de pierres blanches aux allures sereines cachait dans son toit à la Mansart une telle surprise ? Ce lieu abolissait le temps. On aurait aussi bien pu être dans une salle parisienne. Mais il est vrai que la région avait été marquée lors des siècles précédents par de brillantes performances théâtrales : Molière lui-même n'avait-il pas créé *Monsieur de Pourceaugnac* et joué, devant le Roi-Soleil, *Le Bourgeois gentilhomme* dans le proche château de Chambord ?

Ici, la scène surélevée, voilée par un rideau, ne laissait apparaître, comme un nez bombé, que le trou du souffleur. Autour des chaises dorées qui faisaient office de fauteuils d'orchestre, s'arrondissait un rang de promenoir avec accoudoirs mais surtout, à mi-hauteur, une dizaine de loges tendues de velours rouge ouvraient leurs orbites noires qui s'animaient petit à petit de spectateurs babillards et curieux. On se retrouvait, on se présentait, on se faisait des petits signes discrets de la main, on échangeait des invitations de chasse, des recettes de tarte aux pommes renversée... Des fils de soie invisibles reliaient tous ces personnages entre eux. Ils étaient tous du même monde. Ils étaient tous de Sologne...

Une certaine fébrilité gagnait l'air. Les comédiens amateurs, issus des familles présentes — «Vous savez que c'est Mlle de G. qui joue aujourd'hui le rôle de la jeune première ? C'est une vraie jeune fille à présent. Quand on se rappelle le garçon manqué qu'elle était...» —, répétaient une dernière fois quelques phrases de leur tirade tout en finissant de se farder. Le public s'était par deux fois retrouvé dans le noir sous des «oh» habitués, pas plus troublés que ça. L'électricien avait déjà changé deux fois les plombs quand les trois coups fatidiques résonnaient pour plus de cent cinquante personnes. Au lever du rideau, l'illusion était totale : les nobles et les bourgeois jouaient les valets et les domestiques, massés dans les couloirs et au dernier rang, devenaient les spectateurs de cette farce inversée...

Devant des toiles peintes en forêt romantique ou en appartement parisien, on jouait *On ne saurait penser à tout*, *Il faut qu'une porte soit ouverte ou fermée* d'Alfred de Musset, *La Sarabande* de Meilhac ou, plus souvent, *La Cagnotte*, célèbre pièce d'Eugène Labiche [37], qui, en voisin, était venu lui-même faire répéter les comédiens voici quelques années et que l'on continuait à jouer en respectant fidèlement ses consignes de mise en scène.

Durant l'entracte, circulaient des plateaux de chocolat chaud, de champagne, de punch et de café glacé pour faire patienter l'auditoire jusqu'à la collation de fin de soirée. Tout le monde se réunissait alors dans le grand salon du rez-de-chaussée autour

des buffets dressés de puzzles colorés de sandwiches, de montagnes branlantes de petits pains fourrés au foie gras, de brioches repues, de luisantes couronnes de babas au rhum ou de petits-fours friables et emmiellés tandis que cochers, chauffeurs et bonnes d'enfants jouaient aux cartes et dînaient à la cuisine. Avant que les fouets claquent et que les automobiles vrombissent après quelques vigoureux tours de manivelle, la cuisine des Rouies était pour quelques instants encore le meilleur endroit pour connaître tout ce qui se passait dans la région. Chacun y allait de son histoire, de sa nouvelle, de son commentaire.

Aspirations. Pendant les deux dernières décennies du XIXe siècle, la Sologne ne fut qu'un immense chantier. La bourgeoisie issue de la révolution industrielle, fidèle, comme toute nouvelle caste arrivant au pouvoir, au désir de retrouver toutes les modalités de l'art de vivre des castes précédentes, suivait la mode lancée par Napoléon III et colonisait à sa suite cette terre pauvre et vierge, dont le passé les reliait directement au pouvoir seigneurial et royal de l'Ancien Régime. Aussi leurs immenses richesses financières s'extériorisaient-elles dans ce paysage, déjà prolixe en chefs-d'œuvre de l'art architectural, par une frénésie de construction, manoirs, castels, villas et châteaux surchargés de tourelles, hautes toitures, exubérantes cheminées, blasons, vitraux et créneaux... Ériger un château était pour eux un moyen de faire valoir leur nouvelle richesse mais aussi de s'acheter une histoire chargée de certaines valeurs

morales, de se fondre dans un nouvel habit de pierres qui avait également pour but de blanchir leur âme.

Chez tous, on retrouvait cette tendance plus ou moins marquée. Ainsi, un industriel du textile avait-il fait sculpter la réplique exacte d'une cheminée du château d'Amboise représentant une scène de chasse mythique avec saint Hubert. Un autre, à la suite de gains de jeux miraculeux à Monte-Carlo, décida avec cet argent de bâtir une «folie» : la réplique contemporaine du château de Chambord ! A son sommet, un lanternon lui permettait d'apercevoir le modèle de sa commande. Ailleurs, une porte sculptée reproduisait fidèlement les portraits des compagnons de Charles VII qui avaient participé à son couronnement. Seule la figure du roi restait mystérieusement absente, comme s'il était sous-entendu que ces personnages historiques participaient maintenant à l'avènement d'un nouveau roi : le constructeur. Partout fleurissaient sur les manteaux des cheminées de nouveaux blasons héraldiques. L'épouse du propriétaire se prénommait-elle Hortense qu'aussitôt toutes les boiseries du château s'ornaient d'innombrables hortensias. Mais surtout, un style néo-gothique appuyé par une anglophilie très en vogue grimait ces châteaux d'un décor directement inspiré des sources morales de la chevalerie qui, avec ses interdits sociaux, rappelait le privilège absolu du droit de chasse. Dans certaines demeures, on avait même essayé de lancer la mode des costumes surannés des chevaliers et fauconniers. Sur les murs de cette pièce nouvellement inventée, la salle à manger, lieu des symboles et de l'apparat par excellence, fleurissaient des panneaux de boiseries à doubles plis de serviettes, des cathèdres, des crédences et de faux vaisseliers néo-médiévaux.

Tous les délires étaient permis dans cette région où les nouveaux bourgeois retrouvaient des structures domaniales d'avant la Révolution. De nombreux styles se côtoyaient et s'entremêlaient d'un étage à l'autre, de pièce en pièce, selon les fantasmes des maîtres des lieux. En traversant la Beauce, un gros actionnaire avait aperçu un moulin qui jouait avec le vent. Il l'acheta, le fit démonter puis remonter dans son parc. Il décida ensuite, pour faire plaisir à son épouse qui adorait le style anglo-normand, de masquer son château d'une deuxième façade à colombage. Deux équipes se relayèrent nuit et jour pendant un mois pour terminer la transformation

Une «folie» néo-normande construite en 1905 illustre avec brio l'influence du style à pans de bois des villas balnéaires sur l'architecture solognote d'avant 1914.

avant que Madame revienne de Deauville. Ce serait son cadeau d'anniversaire. A son retour, après un frémissement de joie, la châtelaine monta au balcon de sa chambre d'où elle interpella son mari : « Vous ne trouvez pas qu'ainsi, mon cher ami, il me va mieux au teint ? »...

Encore plus surprenant fut le choix de l'emplacement des cuisines dans certains châteaux. Alors qu'elles étaient habituellement situées au rez-de-chaussée ou en sous-sol, une richissime veuve avait construit un château avec une deuxième cuisine... dans les greniers ! La brigade officiait dans les sous-sols, quand il y avait peu de monde, mais s'exilait sous les toits dès la période des grandes réceptions de chasse, la propriétaire ne supportant pas les odeurs des préparations culinaires... Un savant dispositif hydraulique d'ascenseur et de monte-plats permettait de monter et descendre victuailles et plats terminés. Mais peut-être était-ce aussi pour mieux laisser faisander au grand air le gibier dans un garde-manger grillagé, balayé par tous les vents ? Dans une autre résidence, la cuisine avait été refoulée, sans doute pour les mêmes raisons, dans un bâtiment séparé du château d'une trentaine de mètres de distance. Des marmitons à califourchon sur les wagonnets d'un mini-chemin de fer accompagnaient leurs plats jusqu'à un ascenseur qui, depuis le sous-sol, desservait l'office attenant à la salle à manger.

Les jardins et les parcs entourant les châteaux n'étaient pas oubliés dans ces extravagances. Dans un lieu légèrement surélevé, on avait fait creuser, sur plus d'une centaine de mètres et sur une profondeur de près de deux mètres, une roseraie

À la fin du XIXe siècle, de curieux ajouts en brique, délires échevelés de cheminées, clochetons et minarets sont venus modifier l'allure classique originelle de cet autre château.

aux senteurs recherchées, conçue comme un jardin à la française qui venait mourir au pied d'un étang. Dans une autre propriété, un riche héritier passionné d'hydraulique avait entièrement fait retourner une plaine de plusieurs hectares, vaste clairière barrée par une forêt, pour installer autour d'un temple de l'Amour inspiré de l'Antiquité un réseau compliqué de bassins, cascades et jets d'eau. Il contemplait seul, depuis sa terrasse, ce spectacle de grandes eaux miroitant dans le soleil couchant...

Plus sagement, ces parcs de villégiature aux essences étudiées se paraient de kiosques ou de petits pavillons où il était de bon ton de se retirer pour lire ou méditer.

La fête des enfants. La pagode-château d'eau du domaine de la Chesnaye en était un exemple. Mme Maillet aimait souvent s'y reposer et lire *Madame Chrysanthème* de Pierre Loti dans son ingénu silence. Le château était en effet devenu très bruyant ces dernières années, depuis qu'elle avait mis au monde quatre filles : Renée, Yvonne, Adèle et Diane. Pendant ces grossesses successives, elle faisait essayer ses futures toilettes par Nathalie, la lingère, qui avait exactement la même ligne qu'elle. Elle assistait aux essayages, commentait les retouches sur son double et ainsi, retrouvait, sans attendre, une nouvelle garde-robe rassemblant toutes les tenues nécessaires à la vie campagnarde : toilettes négligées du matin, demi-toilettes de journée, déshabillés du soir, toilettes de ville pour le voyage, costumes de bain, tenues d'amazone, ensembles de chasse et robes de bal.

Mme Hermance aimait vivre en Sologne à cause de ses origines mais aussi de ses filles. Elle venait souvent seule avec elles tandis que son mari restait à Paris

pour ses affaires. Elle était là quinze jours à Pâques, deux mois l'été et à l'automne, où son mari la rejoignait chaque fin de semaine pendant les mois de chasse.

Pour son retour, à Pâques, on parsemait le château de jacinthes roses deux jours avant son arrivée afin qu'elles aient le temps de commencer à s'ouvrir et de nettoyer de leurs effluves printaniers l'atmosphère renfrognée de l'hiver. Silvine moulait de fertiles poules enrubannées qui laissaient échapper de leur ventre une séduisante progéniture chocolatée ainsi que de gros œufs coquets que Madame dispersait au milieu des sous-bois de violettes, de jonquilles ou de pâquerettes, où ses enfants les découvriraient avec ravissement.

Une nurse anglaise s'occupait des petites filles et, quand elles séjournaient plus longuement, Madame faisait venir une institutrice et un abbé précepteur qui leur apprenait le latin. Quand leur mère recevait quelque invité, elles déjeunaient ensemble, surveillées par leur gouvernante, dans une petite salle mitoyenne, surnommée la «salle à manger des fillettes», éclairée d'une suspension contrebalancée par un séraphique ange en bois doré. L'après-midi, elles allaient se promener dans le parc avec

Dans la salle à manger des fillettes, un ange en bois doré, contrepoids d'une suspension fleurie et pomponnée, veille sur les enfants.

Manette, l'ânesse blanche, attelée à une «caqueteuse» bringuebalante ou bien elles s'amusaient dans leur maison de poupée construite à l'orée de la forêt. Pendant ce temps, Silvine, une fois son service fini, se mettait sur le pas de porte de la cuisine, son tour du cou blanc impeccable, et tournait au soleil le grilloir à café. Madame lui apportait le café vert de Paris car elle seule le torréfiait selon son goût. Les effluves, chauds et ténébreux, emplissaient l'air et avertissaient les enfants de l'heure du goûter. Cakes, pains d'épices, gâteau Charmeur au chocolat ou bien chatterie aux poires les attendaient mais n'avaient rien de comparable avec l'opulent et divertissant goûter de fête qu'elles organisaient chaque été.

Mme Hermance et ses enfants préparaient cette fête de longue date. Les fillettes dessinaient les cartons d'invitation, découpaient des silhouettes chinoises dans de longues banderoles en papier destinées à la façade du château qui, avec ces guirlandes, ces lampions et ces bougies dispersées sur les balcons et les rebords des fenêtres dans des verres de couleur, prenait une allure caricaturale. Tous les enfants du domaine étaient invités avec les enfants des châteaux des environs. Sur la pelouse, ils jouaient au croquet, au cerceau, au diabolo, ils lançaient des balles lestées de son sur les têtes disloquées d'un jeu de massacre en attendant le spectacle de marionnettes. Des buffets dressés à l'ombre d'un immense cèdre du Liban disparaissaient sous les sucreries de toutes sortes : tartes de reines-claudes, saint-honoré, charlotte aux pommes, nonnettes au miel, magique au rhum, étouffe-coquin attiraient les petites mains voraces. Entourées d'une cour de compotiers regorgeant de petits-fours et de fruits, deux fontaines en argent dispensaient avec largesse leurs plaisantes boissons : de l'une coulait une orangeade rehaussée de sirop aux fruits rouges, de l'autre, un crémeux chocolat glacé...

En dehors de cet événement extraordinaire, l'autre plaisir estival était d'aller nager dans l'étang des Aulnaies. De lourdes carrioles poussives avaient auparavant déversé leur chargement de sable blanc de Loire dans une anse bien abritée, orientée vers le soleil du sud, afin de glisser dans l'eau sur une pente adoucie et on avait planté sur cette plage inattendue de marines cabines de bain aux longues rayures blanches et bleues comme sur les plages de Deauville. Après le bain, furtivement, les quatre fillettes disparaissaient dans les herbes hautes vers le «coin des braconniers» où, cachées derrière le rideau mouvant de longues rouches, elles espionnaient

«Avançant jusqu'au premier détour, il entendit un bruit de voix qui s'approchaient. Il se jeta de côté dans les jeunes sapins touffus, s'accroupit et écouta en retenant son souffle. C'étaient des voix enfantines.»
ALAIN-FOURNIER, Le Grand Meaulnes, 1913.

les garçons du pays qui venaient attraper les poissons à la main.

Quand elles seront jeunes filles, un petit cousin viendra animer à nouveau le parc de ses vociférations : un vrai garnement. Il montera et descendra à toute vitesse le perron à bicyclette au risque de se casser le cou et ira se réfugier à la moindre remontrance dans les tabliers de Silvine, espérant de larges tranches de pain beurrées sur lesquelles elle lui écrasera des fraises sucrées encore chaudes de soleil. Le petit André Roussin deviendra plus tard un de nos grands dramaturges français.

Le coup de lune. Les châtelains avaient aussi leur mascarade. Peu de temps avant l'ouverture de la chasse, on les voyait comploter par petits groupes. Quel pouvait être le but de toutes ces manigances ? Les villageois guettaient chaque année le «coup de lune» de leurs châtelains. Un soir qui promettait la pleine lune, on vit une roulotte affairée cheminer sur les petites routes. A l'intérieur, un châtelain distingué, à l'ordinaire maire du village, était déguisé en diseuse de bonne aventure et tirait les cartes aux journaliers qui rentraient des champs. Une chèvre tirant sur sa corde bêlait à l'arrière tandis qu'une nuée de personnages aux allures de romanichels, grelots aux pieds, l'escortaient. Cet étrange équipage arriva à la nuit au château de la Chesnaye et, sur le parvis, les bohémiens se mirent à danser, pieds nus, au son des pipeaux et des tambourins. M. Maillet sortit sur le perron, courroucé, prêt à chasser cette troupe importune, quand tout à coup le château s'illumina et les portes des salons s'ouvrirent sur des buffets somptueux. Mme Hermance, mise dans la confidence, après avoir feint la surprise, dévoila à son mari la plaisanterie

dont il venait d'être l'objet et, riant de sa méprise, il se joignit à eux pour une nuit inoubliable qui débuta par une mémorable bataille de milliers de serpentins.

Mme Hermance. Mme Hermance avait de nombreux amis en Sologne mais elle enviait ses parents qui avaient eu la chance de recevoir dans leurs salons des voisins aux noms prestigieux. L'original Eugène Sue habita plusieurs années au château de la Borde et rêvait de transformer Chambord en phalanstère pour les pauvres ; le botaniste Prouvensal de Saint-Hilaire, découvreur de la flore brésilienne, s'était retiré dans la région où il continuait d'herboriser et le célèbre musicien Jacques Offenbach, un été, en se promenant sous les hautes futaies du parc du château de Lutaine, inspiré par la musique du feuillage, avait composé le thème principal de *La Périchole* [38].

Quant à elle, fascinée par la peinture, elle aimait recevoir pendant les deux mois d'été des petits-maîtres avec lesquels elle échangeait des points de vue sur l'actualité et les nouvelles audaces des impressionnistes. Elle leur passait commande de trumeaux pour la salle à manger, d'une fresque murale pour l'escalier ou de toiles représentant les

«Dans les couloirs s'organisaient des rondes et des farandoles. Une musique, quelque part, jouait un pas de menuet... [...] Lui aussi, gagné par le plaisir, il se mit à poursuivre le grand Pierrot.»
ALAIN-FOURNIER, Le Grand Meaulnes, 1913.

fermes et paysages du domaine, les portraits de ses enfants ou d'elle-même. Les invités se pressaient toujours à la Chesnaye car cette femme entourée de ses quatre filles exhalait une saine gaieté. Elle les entraînait souvent dans des promenades en barque sur la rivière, dans des pique-niques sur des petites îles, ou bien... à la cueillette des champignons ! Mme Hermance avait gardé cet élan de son enfance solognote et l'avait transmis à ses filles. Un matin, lors d'une promenade sur son trotteur Gulliver, elle entendit un garde-chasse de retour de tournée dire au régisseur qu'il venait de repérer une levée de cèpes charbonniers autour de la fosse de la Lorandière. Elle ne put résister et s'y précipita. Elle rentra quelques heures plus tard, son châle noué en musette bosselée, et le déposa sur la table de la cuisine devant Silvine.

– Regardez ce que j'ai trouvé !

– En effet, Madame, ils sont beaux ! répondit Silvine avec un air entendu de connaisseur.

– Vous les préparerez pour le déjeuner et les ferez porter à ce pauvre garde qui doit être bien dépité et ne doit pas comprendre comment ils ont pu disparaître aussi vite !

La cuisinière raconta alors les tournées qu'elle-même et son amie Philomène avaient joués au garde-chasse des Rouches et toutes deux, fortes des mêmes souvenirs, rièrent à gorge déployée de cette nouvelle connivence.

Au moment de la touffeur des plus chaudes journées, le château fermait les yeux et se calfeutrait derrière ses grandes persiennes. A l'intérieur, le long des portes-fenêtres, on déroulait de légers rideaux pare-soleil ourlés d'une vague de dentelle de Calais et on emmaillotait les lustres, les lampes et certains meubles clairs de gaze ou de mousseline blanche pour les protéger des insectes et d'une lumière violente. La soirée rassemblait après le dîner toute la troupe autour des tables de jeux du salon. Dans une lumière voilée de ce blanc rafraîchissant, on jouait au whist, au boston ou au jacquet, et ces demoiselles se livraient à leurs travaux d'aiguille tandis qu'un maître d'hôtel proposait à la compagnie des liqueurs servies dans de petites verres décrochés d'un somptueux éléphant de cristal harnaché de bronze doré.

L'hiver, alors que le château s'effaçait, embrumé par une bise âpre, Mme Hermance recevait ses amis pour le thé dans la chaleur moite de son jardin d'hiver-atelier réchauffé par un immense poêle en faïence de Saxe. Le maître d'hôtel arrivait, droit comme un i,

Lors des grandes chaleurs estivales, les châtelains et leurs invités se réfugient dans la pénombre d'un petit salon, ou, le soir, autour des tables de jeux éclairées par des lampes et des lustres voilés de blanc rafraîchissant.

portant par ses deux anses un grand plateau cérémonieux qu'il posait sur un «x» de bambous. Théière, tasses, pots à lait et sucrier en porcelaine anglaise mimaient les pions sur un damier de rubans entrecroisés, dont chaque extrémité se terminait par un gros chou de faveurs dans lequel était piquée une fleur. Le samovar ronronnait déjà sur sa sellette tandis qu'Eusise servait le thé. Sur son petit plateau en argent, il posait soucoupe et tasse, versait la boisson chaude, questionnait sur le nombre de morceaux de sucre désiré puis se retirait discrètement après avoir tendu à chacun le breuvage câlin escorté de quelques gâteries. Alors commençait l'heure délicieuse et délassante des longues causeries indiscrètes, bercées par la frêle oscillation des branches de palmier ligulées, où l'odeur du thé de Chine se mêlait aux parfums troublants des euphorbes d'Abyssinie...

Pour Noël, Mme Hermance, qui finançait en grande partie l'école des sœurs, préparait avec Silvine les cartons de cadeaux qu'elle offrait aux enfants du domaine et du village. Le matin du 25 décembre, le chauffeur-courantin, Alcide, partait les distribuer dans chaque foyer. Les petits garçons trouvaient dans de grandes boîtes en carton enrubannées un jouet en bois, une toupie ou une voiture peinte de couleurs vives, une tablette de chocolat enveloppée dans du papier d'argent crissant sous les doigts et un petit établi de menuisier ; les filles recevaient une poupée à tête de porcelaine, une immense sucette au caramel et une paire de gants ou une chaude pèlerine. Au château, Renée, Yvonne, Adèle et Diane découvraient, après la brioche et le chocolat chaud du petit déjeuner, le majestueux sapin étoilé de bougies qui illuminaient de leur chatoiement coloré le métal doré des centaines de sujets minuscules et frémissants : anges, coquilles, boules de verre et lampes vénitiennes. Du bout de l'allée, on devinait la joyeuse ambiance qui régnait à la mouvance des innombrables lumières, prisonnières de cette gigantesque lanterne magique...

Mme Hermance s'occupait de nombreuses œuvres charitables et recevait à sa table [39] un dimanche sur deux M. le Curé

Au-dessus de la cheminée du salon de musique trône le portrait de Mme Hermance. En haut : Intime «five o'clock» hivernal dans la chaleur du poêle de faïence de son atelier-jardin d'hiver.

qu'elle approvisionnait la semaine en beurre, œufs, volailles, légumes et gibier. Chaque semaine, l'église du village se remplissait des notables qui rejoignaient leur banc gravé. Mme Maillet respectait assez son personnel pour ne pas l'obliger, comme d'autres, à l'accompagner à la messe. Elle arrivait souvent la première pour avoir le plaisir d'observer l'entrée cérémonieuse de ses voisins. Une senteur bleue et poivrée chatouillait ses narines quand M. le comte de V. s'avançait en éternuant, menaçant de faire s'écrouler sur la tête des fidèles les planches branlantes du plafond de la modeste église. Il était aussitôt suivi de Mme de D. qui, telle une madone italienne, priait dans un halo de dentelles. D'autres suivaient encore, recueillis, avant l'apparition comique de Mme A., petite femme arrondie par neuf grossesses successives, escortée par sa ribambelle d'enfants, qui faisaient une entrée remarquée et bruyante au moment du signe de croix. Ils se serraient sur leur banc, tandis que les enfants du village, rassemblés tout au fond, murmuraient que «les bâtons de réglisse» et «les sucres d'orge» venaient d'arriver : c'est ainsi qu'ils avaient surnommé les petits garçons très bruns et leurs sœurs, enrubannées à l'excès de nœuds roses et pastel...

Bal à Bon-Hôtel. L'aînée des demoiselles Maillet, Renée, était en effervescence. Elle avait maintenant dix-sept ans passés et on annonçait pour bientôt le bal des dix-huit ans de sa meilleure amie, Marie, au

Posé sur un paravent aux couleurs passées, le déshabillé de taffetas que Madame revêt chaque soir quand sa chambrière vient la coiffer.

château de Bon-Hôtel. Quelle robe allait-elle porter ? On choisit une tenue sage qui mettrait en valeur son teint pâle de jeune fille : robe unie de faille blanche recouverte de mousseline de soie et d'un ruché de tulle léger, à pois de même couleur avec, comme seul ornement, un bouquet de roses pompons pris dans la ceinture et inscrit en rappel dans ses cheveux. Sa mère, qui l'accompagnait, se vêtit également en harmonie blanche d'une robe vaporeuse et scintillante au corsage flou, dont une épaule, appuyée par une guirlande de fleurs retenue par une barrette de gemmes, découvrait ses longs bras moulés dans des gants blancs en peau de Suède, boutonnés vingt-cinq fois. Elle finit sa tenue en fichant dans sa chevelure retroussée une aigrette qui bougeait comme un clin d'œil narquois.

Elles se présentèrent en début de soirée sous le porche du château immaculé, dominant la plaine où venaient paître les cerfs et les biches. Après avoir salué la maîtresse de maison, elles entrèrent dans l'intimidant hall de réception. D'un seul regard, elles balayèrent le château dans toute sa largeur et aperçurent au loin, au travers d'une large baie vitrée, le parc et son étang. Levant la tête, elles admirèrent les galeries en mezzanine, où étaient suspendues les tapisseries des Quatres Saisons, réalisées par la manufacture des Gobelins. Ce lieu de grande pompe comptait certainement parmi les plus beaux et les plus secrets halls de cérémonie conçus par les architectes de cette fin de siècle. Qui aurait pu imaginer, en apercevant ce beau castel ambitieux, que cette pièce montée de Chantilly pierreuse était ciselée autour d'un cœur d'air ?

Bien que l'électricité fût installée, le château était entièrement éclairé par des candélabres approvisionnés en bougies. Un valet en livrée portant une girandole les mena au premier étage où des tables rondes avaient été dressées au-dessus de la piste de bal. Après le somptueux dîner où défilèrent faisans emplumés et reins de sanglier, le maître des lieux ouvrit le bal avec sa fille, bientôt suivi par une cinquantaine de couples, valsant avec griserie au son de deux orchestres se répondant depuis des loges dissimulées, dans ce hall vibrant de mille reflets et de mille espérances...

Le maître queux de Paris. La période de chasse allait commencer. La «suite» de M. Maillet descendait de Paris, désertant pour deux mois l'hôtel particulier car les futures journées seraient bien occupées. Le personnel citadin en profitait pour former quelques aides saisonnières locales qui venaient augmenter les effectifs ou précisait quelques points de détail ou de mode nouvelle au personnel attitré du domaine de la Chesnaye. L'heure des grandes réceptions sonnait.

Pourtant, Silvine, la première année où elle était devenue seul maître à bord, ne rit pas quand on lui annonça l'arrivée prochaine du maître queux parisien et de sa brigade.

À la suite de gains de jeux importants, un gentilhomme décida d'utiliser cet argent inespéré à la construction d'un rêve : la réplique contemporaine du château de Chambord ! Les travaux du château de Bon-Hôtel commencèrent en 1882 et s'achevèrent en 1889.

Elle accueillit avec inquiétude ce cuisinier renommé, Édouard Fourmet, dont Monsieur faisait grand cas car il avait toujours estimé qu'une grande cuisine ne pouvait être réalisée que par un chef et non par une femme, aussi cordon-bleu fût-elle. Toutefois, pensait-elle, elle aurait toujours l'avantage du terrain car elle continuerait, tout comme Aglaé, à monter chaque matin dans la chambre de Madame chercher les consignes pour la journée car il n'eût pas été convenable qu'un homme se présentât dans la chambre d'une dame. Elle l'avait déjà aperçu du temps où officiait la vieille cuisinière, trônant au milieu de ses marmitons, et elle pensait déjà à le faire «embougonner» [40] ou «empicasser» [41] par un «meneux de loup» [42] s'il se montrait trop autoritaire. C'est avec froideur et en ne pouvant retenir quelques frissons qu'elle lui fit les honneurs de sa cuisine. Elle l'épiait, le jaugeait à ses moindres remarques, ne sachant que penser de lui qui se montrait si courtois lorsque le majordome la tira par la manche et lui raconta dans le creux de l'oreille l'anecdote des petits pois.

A Paris, il venait de servir parmi d'autres garnitures des petits pois à une table où était conviée une comtesse minaudière qui, les voyant, avait interpellé en ces termes Mme Maillet :

– Ma chère... Vous savez... J'ai l'estomac très fragile... On dit qu'en ce moment il y a une épidémie de fièvre sur Paris... Il faut faire très attention à l'eau... Je mangerais volontiers de ces petits pois.... qui m'ont l'air très appétissants, mais... voulez-vous avoir l'amabilité de faire demander à votre chef... s'ils ont été cuits à l'eau d'Évian !

Madame, rassemblant son sang-froid, appela le majordome et lui demanda de transmettre la question. Il revint deux minutes après en disant d'une voix obséquieuse dont il ne pouvait refréner l'ironie :

– Le chef fait dire à Mme la comtesse que les petits pois ont été cuits à l'eau de Vichy !

Un sourire entendu gagna toute l'assemblée, la pauvre comtesse plongea aussitôt le nez dans son assiette et avala de travers ses petits pois pourtant bien inoffensifs.

Silvine, à la narration de cette histoire, ressentit aussitôt un vif sentiment de sympathie pour ce cuisinier qui avait comme elle son franc-parler et alla aussitôt lui serrer la main. Depuis lors, une complicité s'instaura entre eux et ils enrichirent mutuellement leurs cahiers de cuisine : M. Édouard repartit, cette première année de leur collaboration, avec les précieuses

«Ce lieu de grande pompe comptait certainement parmi les plus beaux et les plus secrets halls de cérémonie conçus par les architectes de cette fin de siècle.»

recettes de la confiture de fleurs de pissenlit et de la genévrette et «Mme Silvine», comme il l'appelait, enrichit ses pages de mots savants et des recettes des côtelettes de chevreuil aux poires et des pommes mont-d'or.

La halte de chasse. M. Maillet alternait selon les semaines deux types de chasse à tir et invitait soit des clients avec lesquels il voulait resserrer ses relations, soit, pour le plaisir, un groupe de bons fusils. Chasses d'affaires ou chasses d'amis, les tireurs n'étaient jamais plus de douze. Certains arrivaient en De Dion-Bouton rutilante avec chauffeur, d'autres descendaient par le train. La ligne qui traversait la Sologne avait de nombreux arrêts directement sur les propriétés ; c'est pourquoi certaines gares se trouvaient si éloignées des villages, obligeant les autres voyageurs à faire jusqu'à six kilomètres pour rejoindre leur point d'arrivée ! Une des premières grandes lignes de chemin de fer partant de la gare d'Orsay avait d'ailleurs rallié Orléans pour satisfaire cette mode exigeante. Le train du dimanche soir, qui ramenait sur Paris de nombreux chasseurs, avait été surnommé par l'administration ferroviaire le «train des chiens», car il avait la particularité d'atteler des wagonnets aménagés en chenil pour véhiculer également les fidèles compagnons, si nombreux.

Chaque chasseur qui descendait au domaine de la Chesnaye avait en poche une invitation imprimée sur une carte double où était précisé d'un côté le plan topographique de la chasse, coloré diversement pour indiquer les parties boisées, les taillis, plaines, étangs et cours d'eau, et, de l'autre, la formule rituelle : «M. Maillet a l'honneur de vous prier de venir chasser chez lui, le...» Au-dessous, il était noté les horaires possibles des différents trains de départ et d'arrivée ainsi que la voie d'accès au château pour ceux, distraits, qui auraient raté le chauffeur qui les attendait à la gare.

L'habillement classait les chasseurs installés dans leurs compartiments en différents types. Les passionnés avaient un costume fatigué, des bottines confortables, un carnier usagé et se préoccupaient avant tout de leur fusil et de leur chien. Les fétichistes tiraient de leurs poches les dernières inventions du génie humain, la gourdepipe, le compteur métallique de gibiers, le gant cousu en fil de caoutchouc, et avaient revêtu à l'avance leur ceinture de «sept lieues», leur gilet en tissu «à aspirement» et le fascinant «podomètre à boussole» qui leur servait à s'orienter et à évaluer la distance marchée. Les tièdes étaient de loin les

Sur le porte-manteau à têtes de chimères du «débotté», un chapeau et une gibecière attendent une prochaine journée de chasse. Page de droite : Nature morte du lapin à la turlupette.

plus élégants. Ils arboraient le dernier cri des bas de laine ; leur col de chemise raide et glacé et leurs gants trop neufs indiquaient qu'ils brilleraient plus lors des soirées en compagnie des dames plutôt que la journée en celle des perdreaux... M. Maillet essayait de limiter en nombre cette dernière catégorie.

Les invités arrivaient la veille et étaient présentés à la famille et à quelques voisins lors d'un dîner simple. L'assemblée se dispersait très tôt pour aller se reposer avant la grande journée du lendemain. Au lever du jour, après un petit déjeuner substantiel, les plus fervents étaient déjà partis chasser, seuls avec leur chien, portés par une excitation fébrile qui ne pouvait s'estomper que lors d'un contact solitaire avec la nature. Ils rejoindraient les autres à dix heures pour le déjeuner. La table était plantureusement

dressée dans un raffinement d'argenterie et de bibelots anglais où chacun se servait à son aise, mangeait assis ou debout, peu ou beaucoup, mélangeant thé, café, brioches, vins, pâtés, charcuteries, viandes froides, fromages et fruits. Les chargeurs en faisaient autant à l'office et se régalaient déjà de boudins blancs farcis de veau de lait qu'ils arrosaient de vin gris.

L'omnibus de chasse attendait sur le parvis. C'était un vrai salon ambulant, de marque De Dion-Bouton, où les chasseurs s'asseyaient dans de confortables fauteuils individuels recouverts de velours gris. Le régisseur et les gardes-chefs prenaient place dans un deuxième petit salon aux banquettes recouvertes de cuir rouge tandis que leurs chargeurs se pressaient sur la plateforme. Dans les filets s'entrechoquaient les bouteilles de porto, prévues pour les pauses. Selon l'importance du gibier espéré, suivait alors soit le camion, soit la voiture à gibier tirée par un fier attelage de deux chevaux gris pommelés au harnais orné de deux queues de renard touffues et éclatantes qui pendaient de chaque côté de leurs œillères.

Ces dames avaient beau essayer, pour les plus tenaces, de suivre une battue, aussitôt on les en dissuadait.

– Vous allez vous ennuyer mortellement, Mesdames. La chasse, ça fait du bruit ! leur disait-on d'un air faussement contrit.

– Et s'il pleut, vous ne pourrez pas tenir à la fois votre fusil et ouvrir votre si joli parapluie...

On les engageait donc à rester au château[43].

– Vous vous amuserez à dire du mal des hommes...

Chaque chasseur avait à sa disposition un minimum de quatre cents cartouches et M. Maillet leur offrait pour la saison plus de trente-deux mille têtes de petits gibiers provenant de ses élevages disséminés dans plusieurs fermes de sa propriété. Il faisait lâcher les faisans dès le printemps. Les gardes les installaient dans des boîtes avec

des «poules couasses» qui les couvaient. Au début de l'été, on retirait les boîtes et les faisans avaient le temps de retrouver leurs instincts avant la chasse. Les chasseurs recevaient la consigne de ne tirer que les coqs et, en trois battues, ils pouvaient en descendre près d'un millier. Vingt-cinq rabatteurs en longue blouse blanche, à l'aide de crécelles ou de clapettes sonnantes, effrayaient les oiseaux au plumage mordoré : on en voyait parfois deux ou trois cents dans un seul champ de sarrasin, s'envoler comme une brusque risée mouvante...

L'ouverture de la chasse aux canards se faisait au 14 Juillet. Les chasseurs postés sur les bords d'un étang attendaient les colverts dont M. Maillet avait ordonné le lâcher depuis un belvédère construit au-delà d'une sapinière. Les oiseaux, attirés inévitablement par l'eau, arrivaient de très haut, et ce difficile coup de fusil était recherché par les connaisseurs. En septembre, ils chassaient le perdreau et le lièvre, en octobre, le faisan et en novembre, la bécasse.

Pendant ces matinées, les domestiques allaient préparer la «halte de chasse». Suivant la partie de la propriété sur laquelle on chassait, on choisissait une clairière, de préférence située au centre d'une étoile d'allées pour que la forêt offre son élégant spectacle de perspectives fuyantes pendant le déjeuner. Le courantin, Alcide, accompagnait les allées et venues de chacun. Les maîtres d'hôtel apportaient vaisselle et argenterie ; quand on recevait des invités de marque, ils sortaient le service à pique-nique en vermeil. Ils dressaient à l'ombre des arbres deux buffets garnis des plats froids que Silvine et Édouard Fourmet apportaient tout préparés. En fin de matinée, le majordome se chargeait des bouteilles de vin, retenues dans des paniers spéciaux en osier qui portaient également des gobelets en argent.

Le lunch était prévu vers quatorze ou quinze heures. Les gardes-chasse arrivaient les premiers avec les chiens et, l'hiver, allumaient un grand feu au milieu de la clairière. Les chasseurs les suivaient de près et s'asseyaient en rond, autour du feu craquant, sur leur canne de battue. Les maîtres d'hôtel, en veste et gants blancs, leur offraient tout d'abord à boire puis présentaient les plateaux en argent garnis de hors-d'œuvre froids : sandwiches à l'écarlate, friands à l'andouillette, canapés à la russe, tomates monégasques, œufs mollets aux harengs saurs, brochet au bleu, avant de leur servir dans de fines écuelles le «civet de Monsieur», conçu selon les directives de M. Maillet, ou quelque autre gibelotte, salmis ou ragoût qui venait d'être réchauffé sur un réchaud à esprit-de-vin. Suivaient, pour rafraîchir le palais de ces messieurs, un pâté de lapin à l'eau-de-vie, une salade lorette et un pudding anglais.

Souvent, les épouses venaient les rejoindre, parfois accompagnées par un violoneux qui les entraînait à esquisser quelques pas de danse au son de sa vielle à roue. Il arrivait qu'un chien attire leur attention pour s'être mis soudainement à l'arrêt. Il avait senti un jeannot-lapin, attiré par la musique, qui narguait les festoyeurs avant de repartir en trois bonds saccadés, sous les rires de l'assistance.

Par mauvais temps, on rentrait précipitamment au château ou l'on envahissait la proche maison d'un garde. L'épouse de celui-ci sortait alors ses plus belles assiettes à fleurs, ses verres décorés et, après une omelette improvisée, on dégustait des victuailles moins rustiques arrosées de nobles crus.

En fin de journée s'effectuait le retour joyeux au château. Sur un cadre de sable soigneusement ratissé les gardes déployaient le tableau de chasse, qui souvent comptait de sept cents à mille pièces, avant de nettoyer les fusils dans le débotté[44] et d'emporter les bêtes, après la photographie commémorative dans la salle fraîche du garde-gibier. Là, leur orgueil leur commandait de prendre grand soin de leur présentation. Ils les étiraient, leur lissaient le poil ou les plumes et les alignaient au cordeau pour susciter le compliment du volailler qui viendrait le lendemain les chercher. Le gibier non ramassé par les chiens ferait demain l'affaire des charretiers qui, du haut de leurs chevaux, apercevraient dans les sillons les perdreaux oubliés et ne manqueraient pas de les enfourner lestement dans un sac de jute. Gibier de malices, gibier de délices...

Le dîner n'était pas servi très tard. Vers sept heures les hommes descendaient, lavés de frais, en smoking de dandy, et prenaient

À l'arrière d'une Donnet-Zedel, les suiveurs de la chasse à courre ont étalé nappes et paniers de pique-nique ; dans le lointain s'estompent les trompes des veneurs qui sonnent un «bien-aller»....

place aux côtés des dames en toilette décolletée. Sur la table de ce dîner d'ouverture de chasse se succédaient :

Potage Marcilly
Melon
Gigot dans son jus
Poulardes sauce ivoire
Colverts rôtis
Salade de langouste à la russe
Brioche aux fraises
en cassolettes d'argent

La soirée s'étirait dans une agréable torpeur. Les chasseurs entreprenants du matin montaient se coucher, emportés par la fatigue. D'autres n'en finissaient plus de raconter leurs exploits cynégétiques en fumant un cigare au fumoir dans le bruit entrechoqué des boules d'ivoire du billard voisin tandis que, dans le salon de musique, les dames chantonnaient la «Mattchich» .

Dès son retour à Paris, si on voulait être à nouveau invité, il était apprécié de faire parvenir à la maîtresse de maison une gerbe de fleurs ou une boîte de chocolats ou de bonbons en remerciement de l'accueil et du gibier que vous n'aviez pas manqué de rapporter. Par ces manières distinguées, l'invité honorait le fusil en plaqué or, la broche annelée surmontée de bois de cerf ou le précieux renard sur un fond coloré de plumes de geai, emblèmes distinctifs de toute grande chasse à tir, qui ornait désormais son chapeau et le désignait à jamais comme un chasseur émérite...

Chasse à courre. Après les grandes battues d'automne, on chassait à courre jusqu'à la fin du mois de mars. M. Maillet était «bouton»[45] d'un équipage voisin et, contrairement à la chasse à tir, les épouses étaient admises, voire encouragées à venir. Mme Hermance n'avait pas franchi le pas mais suivait, passionnée, en «américaine», un petit cabriolet bas qui pouvait se faufiler partout, mené par un cocher. En revanche, elle avait une bonne amie, Madeleine du Brocard, parfaite amazone, éduquée dès son jeune âge aux plaisirs de la vénerie par son père, qui allait devenir une des premières femmes maîtres d'équipage. Cette véritable Diane chasseresse avait su monter à cheval avant de monter à bicyclette.

Les allées étaient tracées, la plupart du temps, afin de relier les domaines entre eux par un réseau occulte de chemins, souvent mieux entretenus que les routes officielles. Selon le degré de parenté ou de bonne entente, un équipage pouvait chasser sur plus de dix mille hectares sans rencontrer d'interdit. La Sologne ne se partageait plus alors en cantons, mais en quatre ou cinq territoires, nouvelle géographie des possibles regroupements de propriétés opérés lors des chasses à courre.

Dès réception de l'invitation : «L'équipage du rallye Pique-Avant découplera en forêt d'Yvoy le ... sauf gelée ou neige», une des préoccupations de Mme Hermance était de choisir sa toilette et son moyen de transport. Ce souci, loin d'être futile, revêtait une importance symbolique. La chasse à courre réunissait, plus qu'aucune autre manifestation, toutes les couches sociales, et dans ces boulevards de verdure, sans échappatoire, roturiers et aristocrates se livraient à une cour à ciel ouvert. On présentait les jeunes filles à marier ou le fils saint-cyrien, on guettait la faute, on observait les manières. De voiture en calèche, on se croisait, on se saluait, on admirait la nouvelle automobile de Mme D., le manteau de fourrure de Mme G., le chapeau trop affriolant de Mlle de T. ou le valet de pied

«Certains soirs, du côté opposé, vers la pelouse et le château, une musique inconnue, d'une légèreté fluide et caressante, frémissait dans l'air transparent.» M. GENEVOIX, La Dernière Harde, 1938.

noir de Mme la comtesse de B., dont on chuchotait qu'elle lui ordonnait de sonner de la trompe de chasse debout à côté de son chauffeur depuis le sud d'Orléans jusqu'à sa propriété de Salbris pour annoncer du plus loin possible son arrivée à son amant...

Les chevaux étaient conduits la veille par les cochers près du lieu de rendez-vous. La même excitation que pour la chasse à tir gagnait le château, mais les acteurs de ce nouveau spectacle étaient encore plus extravagants. Les plus férus inventaient tous les ressorts possibles pour les aider à suivre le gibier au plus près. Dans la forêt d'Ardon, par exemple, M. de Guéville avait fait construire, au milieu d'un cœur rayonnant d'allées forestières, un pavillon surmonté d'un télégraphe où une personne postée lui signalait le passage des cerfs. Quant au général de R., il avait inventé le «bateau-voiture», une barque de bois montée sur six puis sur quatre roues à l'aide de courroies que l'on détachait pour suivre l'animal dans un bat-l'eau, aussi bien que pour rendre ses visites de civilité...

Mais il n'y en avait qu'un seul pour faire tourner les têtes, le prince Sourza. De lui, un châtelain qui l'avait bien connu disait : «J'ai côtoyé des rois et des reines, des princes de haute condition, mais je n'ai connu de ma vie qu'un grand seigneur, le prince Sourza !» Fièrement monté sur son cheval Mistigri, ce prince roumain, qui allait être bientôt déchu de ses privilèges, abusait de son charme de grand séducteur, intriguait et subjuguait les jeunes filles de bonne famille et les femmes mariées, se pavanant au milieu d'elles en fumant ses violettes Abdullah à bout doré. Il distribuait des pièces d'or à toute personne qui

Sur une banquette en cuir de Cordoue, une main a étalé les cartons d'invitation de plusieurs équipages de chasse à courre avec une broche de cravate et différents boutons de tunique.

pouvait lui indiquer le passage de l'animal couru — et il y en avait beaucoup ! Quand on lui faisait remarquer que de sa poche s'échappaient des billets de banque, il aimait répondre : «Un prince Sourza ne s'abaisse jamais, et encore moins pour ramasser de l'argent !» Lorsqu'un deuil intime vint le frapper, il se comporta en véritable héros de roman huysmansien : il ne voulut plus être entouré que de noir. Il fit refaire le décor de son château, suspendre des tentures noires, ne mangea bientôt que dans de la vaisselle noire, ne monta que des chevaux noirs et n'eut autour de lui que des domestiques portant éternellement le deuil. Il eut une fin comparable aux excès de sa vie. Après de lourdes pertes au jeu, il se suicida par le poison dans un palace de Monte-Carlo, allongé à côté de sa maîtresse. Il fut beaucoup pleuré en Sologne et quelques dames respectablement âgées retrouvent, à l'évocation de son souvenir, leurs yeux mouillés de jeunes filles amoureuses...

Le déjeuner du départ était encore plus nourrissant que celui de la chasse à tir car les membres de l'équipage ne pourraient désormais s'alimenter que le soir. La sobriété était imposée comme une règle majeure par le maître d'équipage, en respect de

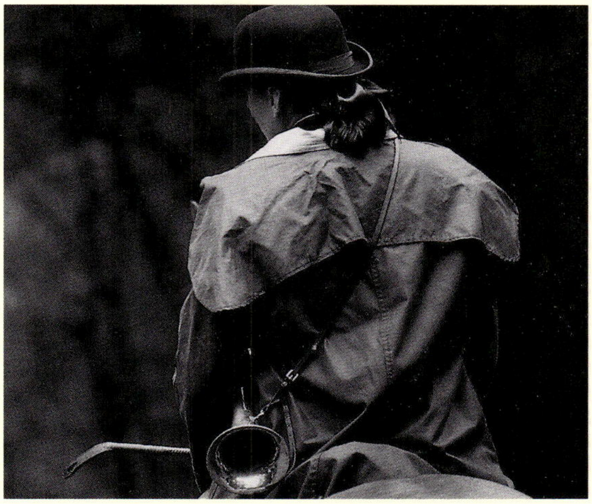

l'animal qui défendait sa vie. Au petit jour, un piqueux, tenant au bout d'une longe un vieux chien calme, fin de nez, appelé le «limier» [46], partait avec les gardes-chefs «faire le bois». Ils repéraient les «volcelests» [47] rentrant dans une «enceinte» et marquaient les «brisées»[48]. Ces piqueux avaient eux aussi leurs parlantes «sornettes». Ils s'appelaient Sautebois, La Feuille, La Brindille, La Rosée ou La Frime, en référence aux frimas du petit matin. Vers onze heures, les chasseurs se regroupaient au lieu de rendez-vous et assistaient silencieusement au «rapport», où les gardes transmettaient solennellement leurs observations au maître d'équipage qui déciderait alors sur quelle voie on pourrait lancer les chiens, qui choisiraient seuls ensuite l'animal à forcer. Les chiens de la meute, flairant la journée de chasse promise, balayaient de leur queue le bas des robes et les tuniques. Le valet de chien qui les connaissait tous par leur nom les rappelait à l'ordre.

– Boute-en-Train, Chicaneur, Turbulent, Taquineau, Rigolette, au pied !

Ils disparaissaient bientôt au bout d'une allée, suivis par les élégants cavaliers escortés

Relater en musique, à la trompe de chasse, le déroulement de la journée selon des airs précis et circonstanciés est un des grands plaisirs du veneur.

d'une file mondaine d'automobiles, de «morning-cabs» et de buggies. Albert, le mari de Silvine, qui conduisait l'«américaine» de Mme Hermance, lui raconterait le soir les «débuchés» [49], les ruses, le «change» [50], les «forlongés» [51] et l'hallali final. En attendant, cuisiniers et cuisinières avaient fort à faire.

La cuisine était comme enfiévrée. Plus du double du personnel habituel se pressait autour des fours et des tables, allant et venant dans un brouhaha studieux. Sur l'angle du fourneau, un commis foulait vigoureusement un fond de gibier pour en extraire son odorante quintessence et disparaissait dans la vapeur de ses fumets. Un gâte-sauce dodinait doucettement une étamine où un consommé pur et ambré, ruisselant du robinet d'une énorme marmite cuivrée, s'évanouissait. Face à une braise ardente, des perdreaux embrochés tournaient consciencieusement, hoquetant juste un instant avant de replonger. Sur le marbre gris, un feuilletage s'étirait lentement sous la pression souple d'un rouleau blanchi. Des brioches jaunes et joufflues, pétries du matin, attendaient sans impatience, assises en quinconce sur une plaque noire, le moment exact pour être enfournées. Sur une table, un marmiton montait, dans un

cliquetis inlassable, une crème pralinée qui garnirait des biscuits imbibés ouverts sur des grilles tandis qu'un pilon cadencé retombait dans un bruit mat sur des chairs destinées à être bientôt moulées en quenelles. Dans cette ambiance pétillante, Silvine apprenait avec bonheur. Elle avait volontiers cédé sa place à M. Fourmet, promu général d'une escouade de marmitons et de cantinières prêts à faire feu au moindre de ses ordres. Lui-même était en train de parer sur un billot de hêtre, avec une dextérité que Silvine lui enviait, des côtelettes de chevreuil qu'il alignait à la suite dans une marinade savante. Au début de la soirée, quand les premiers maîtres d'hôtel en plastron vinrent chercher les entrées froides pour les emporter dans l'office plus frais, un dôme blanc de toques voûtées mettait la dernière main aux pièces d'apparat. On fixait délicatement le dernier losange orange de la pointe d'une spatule, on relevait une lame de truffe glissée, on finissait de dessiner à la poche une ligne ondoyante. Dans cette atmosphère recueillie, Silvine bénit cet événement qui avait hissé son ouvrage au rang de celui d'un orfèvre...

Pendant ce temps, à la chasse, si les «boutons» de l'équipage étaient contraints de jeûner, tel n'était pas le cas des suiveurs

Clairière ondoyante et sereine au cœur de la forêt, l'étang gardé par les sentinelles blanches des bouleaux n'est guère troublé par le vacarme éphémère de la chasse qui passe au loin.

qui, au bout de quelques heures de grand air, attrapaient vite la fringale. Les paniers de pique-nique à l'anglaise fleurissaient de part en part comme violettes au printemps avec leur raffinement d'argenterie ; les suiveurs se réunissaient autour d'eux avec appétit pour entamer rillettes de lapin, galantines de faisan, hure de sanglier ou compote de perdreaux en gelée sortis miraculeusement de leurs cachettes d'osier et que l'on tartinait allègrement sur de larges tranches de pain. On butinait de panier en panier. Tel cabriolet était réputé pour ses pâtés, tel autre, pour la qualité de ses crus. Certaines jeunes filles de bonne famille disparaissaient alors soudainement sous les banquettes car il aurait été jugé indécent qu'elles mangeassent en public. Après le fromage et les fruits, on sablait le champagne au moment des croquets. La forêt n'était plus qu'un immense théâtre de grappillages gourmands. Pendant quelques minutes les sonneries étouffées de «bien-aller» se perdaient dans le lointain...

La chasse pouvait se poursuivre jusqu'en début de soirée. Après l'hallali, on rapportait l'animal soit au lieu de rendez-vous, soit au château. Là, dans la tonique brillance de la fanfare des trompes qui retraçaient les différentes étapes de la journée après avoir fait les «honneurs» [52], au comble de l'exaltation de la curée, on servait à nouveau du champagne. Les cochers rentraient avec les chevaux à la nuit et se remémoraient les grandioses scènes de la journée tout en briquant les harnais tandis que les cavaliers et quelques invités de marque se pressaient vers le château lumineux.

L'archevêque, le préfet, les châtelains voisins, sur les terres desquels l'équipage avait découplé, se joignaient aux boutons redescendus en habit de gala, un queue-de-pie éclatant aux couleurs de leur équipage, donnant le bras à leur épouse rivalisant de broderies, de cascades de gaze de soie, de dentelles, de guipures et de taffetas coruscants. Tous les salons étaient ouverts et, à l'entrée, un aboyeur annonçait les noms d'une centaine de personnes qui attendaient impatiemment le «Madame est servie» du majordome. Les deux brigades de cuisine n'avaient pas été de trop pour préparer ce dîner de gala ostentatoire où s'enchaînaient :

Consommé de lièvre aux royales
de lentilles
Paupiettes de sole aux écrevisses
Perdreaux rôtis
Filet de bœuf châtelaine
Chevreuil aux poires
Saumon à la Chambord
Salade Jockey-Club

Gâteau fourré aux pralines
Spoom aux pousses de cassis
Dessert

Après ces agapes, les dîneurs passeraient au salon prendre le café et les liqueurs, quelques-uns s'éparpilleraient dans le salon du billard ou au fumoir tandis que s'égrèneraient les prochaines invitations de chasse ou de bal.

Livres et victuailles. Ces dîners de gala marquaient souvent la fin de saison de la chasse à courre. La brigade d'Édouard Fourmet faisait ses adieux à Silvine, en attendant de la retrouver l'année prochaine car ils remontaient avec le majordome et les chambrières ouvrir l'hôtel particulier. M. et Mme Maillet rentraient à Paris pour la saison d'hiver marquée par les bals masqués, les sorties au théâtre et les dîners parisiens. Monsieur retrouverait son club et Madame, ses flâneries du matin au Bois avant d'aller se livrer à sa nouvelle passion, patiner au «skating-rink» musical de la Closerie des Lilas. Avant de partir, M. Jacques feuilletait une dernière fois son livre de chasse où il notait les circonstances de chacune des chasses, le nom des invités, le temps qu'il faisait, les anecdotes et le gibier pris, avant de le ranger avec nostalgie dans un tiroir où il le reprendrait l'année prochaine. Mme Hermance vérifiait les livres de maison, le livre des comptes et celui des menus où elle avait consigné, à chaque réception, la date, le menu, les noms des invités [53], le plan de table et les vins servis, précieux outil qui lui permettait de garder un souvenir de chacune de ses délicieuses soirées et de préparer astucieusement les prochains dîners.

Silvine terminait à la cuisine des colis de victuailles que remontaient les chauffeurs parisiens : cagettes de bocaux de conserves, de confitures, fruits frais et légumes du verger. Ensuite elle confiait avec précaution aux genoux des maîtres d'hôtel les très attendues bourriches de gibier préparées par les gardes, dont Monsieur et Madame feraient présent à leurs relations dès leur arrivée. Tout en glissant entre les oreilles des lièvres ou sous l'aile des perdreaux la carte de visite des donateurs, nouant les dernières cordelettes, Silvine imaginait leur arrivée dans les appartements parisiens. Elle les voyait surgir de leur nid de mousse et de fougère, dégageant leurs odeurs de sous-bois et d'herbe froissée, incongrues dans des salons confinés. On appelait sa collègue pour «raisonner» ce présent ; elle accourait, pressentant la bonne nouvelle, tout en s'essuyant les mains à son tablier. Elle saisissait ces trésors de Sologne, les tournait et les retournait, soudain pensive, se demandant si elle allait en faire des rôtis, des pâtés, des chauds-froids, des civets ou des aspics...

Durant l'année, une voiture descendait régulièrement de la capitale pour repartir chargée d'une nouvelle moisson de denrées fraîches : asperges, haricots verts, fraises ou poissons d'eau douce. Silvine se rendait elle-même quelquefois dans l'hôtel particulier, lors des congés d'Édouard Fourmet, mais la plupart du temps elle restait au domaine dont son mari et elle assuraient désormais la garde.

Armée d'un lourd trousseau de clés clapotantes, retenues par un long ruban de velours rouge pendant à la taille, Silvine arpentait tous les jours les couloirs du château. Dans le silence de cette interminable ronde, troublé de ses seuls pas, elle en était devenue l'ombre, elle en était devenue l'âme...

Épilogue

«AU BOUT DE CENT ANS, LE FILS DU ROI QUI RÉGNAIT
ALORS, ET QUI ÉTAIT D'UNE AUTRE FAMILLE
QUE LA PRINCESSE ENDORMIE, ÉTANT ALLÉ À LA CHASSE
DE CÔTÉ-LÀ, DEMANDA CE QUE C'ÉTAIT
QUE LES TOURS QU'IL VOYAIT AU-DESSUS D'UN GRAND
BOIS FORT ÉPAIS.»

«La Belle au bois dormant»,
CH. PERRAULT, *Contes de ma mère l'Oye*, 1697.

Après plusieurs dizaines d'années de bons et loyaux services gourmands, Silvine prit sa retraite. Son mari était décédé quelques années auparavant dans un accident de moto ; elle s'était donc installée, seule, dans une jolie bâtisse de briques sise au bord d'une rivière cascadante, ancienne maison de meunier que lui avait laissée Mme Hermance en héritage. Elle vivait entourée d'objets hétéroclites qui surprenaient beaucoup ses petits-neveux, dons multiples qui avaient jalonné sa vie, provenant tous du domaine de la Chesnaye. Il y avait là, empilés dans un espace trop étroit pour eux, une paire de monumentales vasques en Gien gardant la nostalgie de leurs plantes aériennes, un canapé rouge recouvert de velours frappé, plus encombrant que confortable, deux petites vitrines bondées de bibelots argentés, un bonheur-du-jour coincé dans un recoin entre un poêle à bois et un pan de mur ; sur un guéridon, une clochette de table en faïence joliment travaillée et, surtout, quatre aquarelles trônaient de chaque côté d'un buffet modern-style, dont on sentait trop bien la mise en valeur excessive.

Pour fêter ses quatre-vingts ans, sa famille avait organisé une grande fête. Dans une prairie derrière sa demeure, on

Page de gauche : Sourdes et violentes, les griffes opiniâtres de la végétation entaillent peu à peu le glorieux passé du château solognot. Ci-dessus : La charmante chaumine de Silvine.

avait dressé au milieu des boutons d'or et des marguerites de longs tréteaux recouverts de nappes blanches qui flottaient au vent. Quand tout le monde fut là, Silvine, anxieuse, ne voulait pas que le repas commençât encore. Elle épiait le chemin sur lequel on vit bientôt s'avancer une femme d'âge mûr, dont le port droit et altier rappelait singulièrement celui de Silvine, dans un lien inexplicable de parenté... La vieille cuisinière se précipita vers elle, enserra en silence ses deux mains dans les siennes et l'escorta jusqu'à la table où elle la fit présider. C'était l'aînée des filles de Mme Hermance, Mlle Renée Maillet...

Encore vive, alerte et autoritaire, Silvine traînait tous les dimanches à ses trousses ses petits-neveux et petites-nièces puis plus tard, ses arrière-petits-neveux et arrière-petites-nièces. Elle aimait les réunir pour des déjeuners qui s'étiraient en longueur mais dont aucun ne médisait, fascinés par le sous-plat dessiné de bleu qui les faisait patienter en déroulant sa musique mécanique et sur lequel défilaient des délices surannés. Ensuite, elle les emmenait immuablement voir l'âne de la Chesnaye.

Dès la grille plaintive, dont les gonds rouillés étaient retenus dans les griffes des buissons ronciers, les garnements braillards se taisaient brusquement. Le château était

là, majestueux, apparaissant dans toute sa force comme un très vieux secret oublié. Confortés par les souvenirs que racontait Silvine, les enfants, en empruntant ce qui, jadis, avait été une allée passagère, marchaient dans un rêve éveillé. Accueillis par le braiment joyeux de «14-Juillet», l'unique habitant de ces lieux, ils le chevauchaient tour à tour comme s'il était un fringant destrier et se dirigeaient vers le château après avoir fait le tour du potager et grappillé au passage quelques prunes, rares fruits de vieux arbres rabougris. Armée de son même trousseau de clés, la vieille femme volontaire les précédait dans cet intérieur emmuré dans une pénombre solitaire, déchirant au passage avec colère les toiles d'araignées, pestant au fil des pièces contre les outrages du temps qui faisaient tomber les drapés ingénieux des rideaux en poussière.

Le château était vide désormais. Seuls quelques rares coffres traînaient encore et l'on pouvait deviner aux traces ombrées laissées sur les papiers peints l'ancienne opulence des lieux. Après la Seconde Guerre mondiale, la famille Maillet avait été pratiquement décimée et personne n'avait repris le domaine.

Les enfants suivaient Silvine, à la fois effrayés et émerveillés. Ils étaient devenus les princes charmants qui réveillaient une belle princesse endormie...

LE CAHIER DE RECETTES DE SILVINE

Soupes et potages

Soupe à la citrouille

Taillez en petits cubes 1 kg de chair d'une pulpeuse citrouille. Faites-la fondre à couvert avec 100 g de beurre dans 20 cl d'eau.

Passez votre citrouille défaite au presse-purée. Versez 50 cl de lait bouillant et ajoutez au minimum 30 g de sucre. Salez, poivrez.

Accompagnez de croûtons grassement frits et d'une saucière de crème fraîche afin que cette soupe devienne «onctueusement persuasive»...

Velouté de champignons

Triez et nettoyez une livre de cèpes rebondis, autant de girolles sainement orangées et de trompettes de la mort odorantes. Infusez la moitié de chaque variété de champignons pendant 1 heure dans 2 litres de fond de volaille frissonnant.

Filtrez à l'étamine le fumet de champignons. Dans une casserole, préparez un roux blond composé de 60 g de beurre et de 50 g de farine tamisée. Lorsqu'il atteint la couleur souhaitée, arrosez-le de votre fumet en fouettant sans interruption jusqu'à la prise d'ébullition. Laissez frémir pendant 15 minutes.

Au dernier moment, poêlez le reste des champignons et garnissez-en le fond d'une soupière.

« J'ai reçu hier les photographies et je vous en remercie infiniment, surtout de celle de vos quatre charmants enfants. Je ne pense pas faire de la peine à Mlle Renée en vous disant que je la trouve plus charmante encore qu'en photographie. La ronde des petits filles est particulièrement réussie et je ferai beaucoup d'heureuses, grâce à vous, Madame.
Pour vous exprimer tous les chaleureuses pensées de notre famille, voici, pour Mme Silvine, la recette peu compliquée de notre soupe à la citrouille que vous aimez tant.
Mes parents se joignent à moi pour vous prier, Madame, d'agréer l'expression de nos sentiments dévoués. »

N.C.

Page de gauche : La soupe à la citrouille crémée, «onctueusement persuasive»...

Cette crème de blé vert est la version raffinée proposée par la cuisine bourgeoise de la rustique fromentée, bouillie de blé vert, dont la consommation était restée vivante en Sologne et dans le Berry depuis l'époque médiévale.

« Allons, mangez ! dit la mère Chabanon.
Il mangea la soupe qu'elle lui offrait à même la petite marmite. Il en avalait les cuillerées avec un bonheur animal, une jouissance qui le comblait. C'était une joie qui descendait en lui avec ces gorgées onctueuses, une force chaude et nourrissante qui avait la saveur de la vie. »

M. GENEVOIX,
La Maison du Mesnil, 1929.

Hors du feu, ajoutez dans votre velouté 20 cl de crème fouettée enrichie de 3 jaunes d'œufs. Ajustez l'assaisonnement avant de verser sur les champignons votre potage mousseux. Vous pouvez proposer sur de petits raviers quelques croûtons rôtis légèrement frottés d'ail.

Crème de blé vert

Dans une casserole épaisse, couvrez de bouillon un jarret de veau accompagné de 2 gros oignons fendus en deux. Entourez-le de 300 g de blé vert lavé et trié. Salez légèrement et laissez cuire lentement pendant 3 heures.

Retirez alors l'os du jarret. Recueillez l'ensemble après l'avoir passé au travers de la grille d'un tamis. Donnez un léger bouillon et détendez d'un filet de lait bouilli jusqu'à ce que vous obteniez une crème onctueuse.

Dans une soupière, délayez 2 jaunes d'œufs et 25 cl de crème fraîche puis versez votre potage. Accompagnez votre crème de blé vert de fins toasts grillés et d'œufs durs hachés.

Consommé de lièvre aux royales de lentilles

Mouillez deux avants de capucins et 500 g de poitrine demi-sel avec 3 litres de consommé de bœuf. Complétez de la garniture aromatique suivante :

Mousserons .... 200 g
Céleri .... 100 g
Échalote .... 100 g
Baies de genièvre prisonnières d'un nouet 8

Faites cuire 2 heures en dépouillant fréquemment.

Les cahiers de recettes de Silvine et leurs multiples feuillets aux écritures surannées.

Entre-temps, préparez une clarification en taillant 2 carottes, 2 verts de poireau mêlés de 15 cl de sang de lièvre, préférable ici à des blancs d'œufs qui atténueraient la saveur animale de ce consommé. Arrosez votre clarification d'un peu de liquide. Reportez le tout dans la casserole et remuez jusqu'au frémissement.

Écartez délicatement la croûte superficielle pour découvrir le liquide mordoré. Maintenez ainsi l'ouverture du bouillon pendant 15 minutes avant de faire suinter le liquide au travers d'une étamine.

Réservez votre consommé de lièvre au chaud. Vous n'obtiendrez guère plus d'un litre et demi de consommé après ces différentes manœuvres.

Pour faire les royales de lentilles, tamisez 120 g de lentilles cuites et égouttées. Détendez la pulpe recueillie avec 3 cuillerées à bouche de consommé de lièvre et liez avec 3 jaunes d'œufs.

Garnissez 3 petits moules cylindriques beurrés et pochez-les au bain-marie pendant 15 minutes dans un four à 140°.

Laissez-les refroidir avant de les démouler. Détaillez-les en fines rondelles. Si vous choisissez

« Et Steiner ? demanda brusquement Mignon.
– M. Steiner est parti hier pour le Loiret, dit Barillot, qui retournait sur la scène. Je crois qu'il va acheter là-bas une campagne...
– Ah ! oui, je sais, la campagne de Nana. »

É. ZOLA, *Nana*, 1880.

Page de droite : Nature morte du service de campagne du domaine de la Chesnaye : un Sarreguemines XIXe siècle, bordé de rouge et décoré d'agrestes papillons.

de servir individuellement votre consommé de lièvre, placez-les maintenant dans le fond de vos tasses.

Proposez de fines allumettes de pâte feuilletée et respectez une longueur de 6 centimètres sur 0,5. Couvrez-les de fromage râpé et enfournez-les. Elles ressortiront croustillantes et gratinées.

Les perles du Japon appelées aussi « perles de roche » désignent la fécule de tapioca réduite en gruau.

« Les épaules nues, étoilées de diamants, flanquées d'habits noirs qui en faisaient ressortir la pâleur, ajoutèrent leurs blancheurs laiteuses au rayonnement de la table. Le service commença, au milieu de petits sourires échangés entre voisins, dans un demi-silence que ne coupaient encore que les cliquetis assourdis des cuillers. »

É. ZOLA, *La Curée*, 1871.

Potage Marcilly aux perles du Japon

Écossez 1 kg de petits pois nouveaux. Jetez-les dans une eau bouillante puis dans une eau froide. Passez-les au travers d'un tamis et recueillez leur pulpe.

Dans une casserole, assemblez 75 cl de consommé et 75 cl de crème fraîche. Ajoutez la purée de pois. Faites chauffer doucement jusqu'au frémissement.

Avant de servir, agrémentez votre potage de 60 g de perles du Japon chauffées dans 25 cl de consommé pendant 15 minutes et de 24 petites quenelles de volailles. Décorez de petits bouquets de cerfeuil et servez chaud.

Ce consommé de bœuf peut être dégusté seul ou avec son « bouilli ». Mais il sert surtout de base de mouillement lors de la confection de sauces, gelées ou potages.

Consommé de bœuf

Dans une marmite, placez des viandes ainsi réparties :

Plat de côtes .... 2 kg
Queue de bœuf .... 1 kg
Paleron .... 1 kg
Poule avec ses abattis 1

Couvrez-les d'eau froide et jetez une poignée de 50 g de sel marin. Laissez bouillir modérément

En bas : Une «coche» posée sur un lit doré de pains avenants. À chaque achat, le boulanger marquait d'une encoche les baguettes de bois réservées à ses clients et les conservait derrière son comptoir enfilées en un énorme trousseau.

pendant 5 minutes. Avant de nettoyer la surface du liquide, ajoutez la garniture suivante :

Carottes ....500 g
Panais ....200 g
Poireaux ....500 g
Oignons caramélisés à sec ....500 g
Bouquet de persil et de thym 1
Gousses d'ail 6

Ainsi que 15 grains de poivre et 3 clous de girofle rassemblés dans un nouet d'étamine fine.

Déplacez votre marmite sur le fourneau jusqu'au point de chaleur idéal pour lui assurer un bouillon lent et régulier. Écumez et dégraissez fréquemment durant 5 heures. Complétez le niveau en cas d'évaporation trop importante. Après cuisson, filtrez votre consommé qui doit être transparent et brillant.

Entrées froides, charcuteries et sandwiches

Compote de perdreaux en gelée

Plumez, flambez et videz 4 à 6 perdreaux selon leur grosseur. Bridez-les à l'aiguille avant de les faire dorer au sautoir dans un beurre blond. Placez-les dans un pot de terre cuite.

Dans ce même sautoir, colorez également une garniture composée de :

Carotte taillée en rondelles 1
Oignon 1
Navet 1
Bouquet garni 1
Grains de poivre écrasés 5
Baies de genièvre écrasées 2
Gros sel marin ....30 g

Déposez la garniture sur les perdreaux. Arrosez de quelques traits de vieux marc de pays puis recouvrez largement d'un bon consommé.

Faites mijoter lentement pendant 2 heures. Régulez la cuisson. Écumez fréquemment.

Égouttez délicatement les perdreaux afin qu'ils ne se brisent pas. Otez la ficelle, décollez les cuisses, éliminez les os. Défaites les filets de la carcasse et, dans la cuisson réduite aux deux tiers, rangez en alternant cuisses et filets. Retirez le bouquet garni. Vérifiez l'assaisonnement. Attendez

« Les souvenirs affluaient par longues vagues : toutes les odeurs des bois, l'âcreté du terreau mouillé sur quoi fermentent les feuilles mortes, les effluves légers des résines, l'arôme farineux d'un champignon écrasé en passant ; tous les murmures, tous les froissements, toutes les envolées dans les branches, les fracas d'ailes traversant les futaies, les essors au ras des sillons ; et tous les cris des crépuscules, la crécelle rouillée des faisans, les rappels croisés des perdrix, les piaulements courts des tourteplates, et déjà, dans la nuit commençante, ce grincement qui approche et passe à frôler votre tête, avec le vol de la première chevêche en chasse. »

M. GENEVOIX, *Raboliot*, 1925.

le refroidissement complet avant de mettre au frais 24 heures.

Servez à la cuillère et accompagnez de tranches de pain grillé.

« Jean Bruyren-Champier, médecin à Lyon, assure, dans son ouvrage De re cibaria, *paru en 1560, que les meilleurs oignons de France étaient ceux de La Ferté-Hubert, appelée par ce motif La Ferté-aux-Oignons, aujourd'hui la Ferté-Saint-Cyr. »*
H. DENIZET, *La Sologne*, 1900.

Pâté de lapin au vieux marc

Choisissez un beau lapin de choux de 1,8 à 2 kg. Videz-le de ses cœur, foie et rognons. Découpez et désossez les membres.

Couchez les chairs à plat dans une plaque. Parsemez-les de 400 g de gros lardons de poitrine demi-sel. Assaisonnez de sel et de poivre du moulin. Ajoutez les fragments de feuilles de laurier, de thym, de sarriette et de serpolet. Dispersez deux gousses d'ail écrasées sur les morceaux. Arrosez d'un verre d'eau-de-vie de marc et d'une demi-bouteille de vin blanc. Recouvrez d'une carotte et d'un oignon tous deux coupés en fines lamelles et laissez mariner au frais toute une nuit.

Le lendemain, rangez les morceaux de lapin dans une terrine en prenant soin d'équilibrer le placement des morceaux. Positionnez les cuisses de part et d'autre et alternez lardons, carottes, oignons et abats.

Versez le jus de la marinade. Placez sur la terrine un couvercle calé avec des poids qui pressera les chairs afin qu'elles restent bien en place et mettez à cuire au bain-marie dans un four chauffé à 180° pendant 2 heures.

Au sortir du four, prélevez de la terrine une partie du fumet de cuisson dans lequel vous ferez dissoudre 6 feuilles de gélatine. Reversez le liquide dans la terrine. Laissez-la refroidir pendant 48 heures fermée par son couvercle pesant.

Servez lors d'un dîner accompagné d'une salade de romaine à la crème.

Rillettes de lapin de garenne

Lapin de garenne	1,2 kg
Lard gras	500 g
Gorge de porc	400 g
Gros oignon	1
Carotte	1
Échalotes	6
Grains de poivre	6
Clou de girofle	1
Vin blanc sec	1/2 bout.
Bouquet garni de sauge et de serpolet	1

Tapissez de lard une casserole à fond épais. Rangez dessus le lapin de garenne coupé en

« Presque sous les pieds gicle de partout au coin des sentes le lourd giflement d'ailes du faisan, poussif et ronflant comme une motocyclette à l'allumage, le petit trot basculant et mécanique du lapin secoue et fait étinceler à travers l'herbe les menus derrières candides. »

J. GRACQ, *Lettrines*, 1967.

Il était aussi de coutume dans les châteaux de Sologne de confectionner un pâté avec le premier lièvre tiré le jour de l'ouverture, conservé en bocal et mangé le jour de la fermeture.

morceaux. Couvrez de la garniture de légumes mêlée à la gorge de porc taillée en gros dés.

Versez le vin blanc. Assaisonnez avec les grains de poivre et le clou de girofle. Salez légèrement. Laissez cuire 3 heures à couvert.

Au terme de la cuisson, attendez que la viande soit tiède pour la désosser du bout des doigts. Retirez la garniture de légumes.

Effilochez toutes les chairs avec le dos d'une écumoire. Le gras et la viande doivent être mêlés. Gardez au frais dans l'attente de parties de chasse ou de petits creux...

Mousse de lièvre en gelée

Dépouillez un lièvre frais. Réservez le cœur, le foie, les rognons et le sang

Désossez et dénervez les cuisses et les épaules. Prévoyez :

Chair de lièvre ....500 g
Foie gras frais ....200 g
Crème fraîche ....25 cl
Œufs 2
Vin de madère ....5 cl
Jus de truffes ....5 cl
Sang ....10 cl

Pilez en poudre fine un mélange épicé de 15 g de sel et de poivre blanc, 1 clou de girofle, 3 baies de genièvre, 1 feuille de sauge séchée, 1 brin de sarriette et autant de serpolet.

Répartissez l'assaisonnement sur les chairs. Ajoutez les abats. Arrosez de vin de Madère et de jus de truffes et laissez reposer en marinade toute une nuit au frais.

Le jour suivant, passez la chair mêlée d'abats et de foie gras au hachoir à grille très fine puis pilez le hachis au mortier. Incorporez les œufs, un par un, gorgez de crème double avant de passer au tamis pour obtenir une farce bien lisse. Versez

« Lapin solognote
Prenez le rable : enlevez soigneusement les nerfs. Préparez la farce que voici : 100 grammes de lard, 100 grammes de beurre ; un peu de mie de pain, fines herbes, une pointe d'échalote, un soupçon d'ail, poivre, muscade, cayenne, une tomate. Pilez le tout dans un mortier de manière à constituer une pâte homogène.
Enduisez votre rable avec cette farce ; mettez-le ensuite dans une double feuille de papier beurré au beurre clarifié, serrez dans le papier, cuire trois quarts d'heure au four, servir avec accompagnement de sauce béarnaise ou poivrade.
Quand on a tâté de ce lapin, on s'explique le fameux mot de M. Floquet au tsar :
"Vive la Sologne, Monsieur !"
Amitiés
Saint-Arroman »

in E. Richardin,
L'Art du bien manger, 1913.

alors le sang, mélangez délicatement et rectifiez l'assaisonnement selon votre goût.

Beurrez au pinceau 12 moules à dariole travaillés. Remplissez-les de farce et mettez-les à pocher doucement au bain-marie pour qu'ils montent en température. Recouvrez-les d'un papier beurré puis enfournez dans un four chauffé à 160°.

Laissez refroidir avant de démouler. Placez une lame de truffe sur chaque mousse. Lustrez d'une gelée de lièvre froide.

Laissez prendre un fond de gelée dans un plat en argent. Rangez-y délicatement chaque mousse et servez avec des toasts de pain grillé.

Pour faire une gelée de lièvre

Réservez 1 litre et demi de consommé de bœuf.

Hachez 200 g de parures de lièvre. Concassez les carcasses. Taillez finement 1 carotte, 1 vert de poireau et 1 plumeau de céleri en branche.

Faites mousser au fouet 2 blancs d'œufs dans une jatte. Ajoutez la garniture de légume, les parures et la carcasse et versez le consommé tiédi.

Mélangez méthodiquement à la spatule avant de renverser le tout dans une casserole. Remuez doucement jusqu'à ébullition. Laissez cuire ainsi 30 minutes. Si vous en ressentez le besoin, aidez le bouillonnement en soulevant la clarification à l'endroit où se formera une crevasse et où vous apercevrez le liquide ambré et transparent. Filtrez au travers d'une étamine.

Si le consommé utilisé est légèrement tremblotant, ajoutez dans la gelée clarifiée encore bouillante 6 feuilles de gélatine ramollies à l'eau froide. Utilisez la gelée une fois refroidie.

Jarrouille

Maman-Douce

Rincez 2 jarrets de porc demi-sel quelques minutes à l'eau froide. Placez-les dans une cocotte en fonte avec un morceau de saindoux et faites rissoler leur couenne. Ajoutez :

Carottes taillées grossièrement 2
Oignons fendus en deux 2
Tête d'ail écrasée 1
Grains de poivre ....15 g
Bouquet garni avec sauge 1
Clous de girofle 2

Mouillez avec une bouteille de vin rouge et un litre d'eau. Versez alors 500 g de haricots rouges que vous aurez eu la précaution de laisser tremper quelques heures à l'avance.

Régulez la cuisson en couvrant. Cuisez 2 heures à faible ébullition. Salez si vous le jugez nécessaire.

Laissez refroidir une nuit. Sortez votre jarrouille prise en gelée le lendemain matin pour l'agrément du petit déjeuner des chasseurs. Les haricots rouges se mangent indifféremment froids ou chauds.

Hure de sanglier truffée

Nettoyez parfaitement une tête de sanglier en la flambant avant de la gratter. Désossez-la complètement en commençant par la gorge. Réservez la langue et 1,5 kg de collier de sanglier.

Sur ces viandes, disposez la marinade composée comme suit :

Oignon haché 1
Carotte émincée 1
Échalotes ciselées 5
Sel fin ....30 g

« Bref, rendez-vous fut pris pour un dimanche de fin septembre chez Médée. Les Romorantinais avaient fixé leur arrivée à sept heures du matin, mais ce fut seulement vers huit heures et demie que les chasseurs partirent en campagne, après un casse-croûte copieux. Il avait fallu absorber des sardines à l'huile, du saucisson à l'ail, des rillettes et des rillons – sans préjudice d'une exquise jarrouille –, de fromage de chèvre, de biscuits et de fruits de saison. Tout cela arrosé, comme il sied, de bon vin blanc de pays, et, pour terminer, un café parfumé d'eau-de-vie de prunes... A des dégustations diverses, une heure et demie avait passé... Mon père était furieux. »

HUBERT-FILLAY,
Contes de la Brémaille, 1942.

Ci-contre : Chasseurs et rabatteurs après une battue au sanglier.

Poivre ....5 g
Clous de girofle 2
Baies de genièvre 5
Prise de muscade 1
Bouquet aromatique 1
(laurier, sarriette, thym, sauge)
Vin blanc ....1 bout.
Porto ....20 cl
Cognac ....20 cl

Gardez votre marinade au frais pendant 48 heures.

Mettez à cuire le tout dans une grande casserole et utilisez pour compléter le jus de marinade un consommé de bœuf. Laissez mijoter pendant 2 heures. Débarrassez les viandes tiédies sur une plaque.

Sur une grande serviette étendue, posez la tête bien à plat. Recouvrez-la de collier taillé en dés de taille moyenne. Épluchez et fendez la langue en deux dans le sens de la longueur. Rangez-la au centre de la tête. Farcissez la langue de 100 g de truffes fraîches hachées.

Croisez les deux pans du linge et enfermez la hure dans cette forme oblongue. Ficelez bien serré et remettez-la à cuire pendant 1 h 30 sur le fourneau.

Attendez le refroidissement jusqu'à température ambiante et resserrez à nouveau la hure. Placez-la dans une jatte et arrosez-la de la cuisson filtrée.

Gardez au frais pendant 24 heures avant de défaire le linge.

Sandwiches

A l'occasion des haltes de chasse, Silvine et Edouard Fourmet rivalisaient d'imagination et se surpassaient pour renouveler les variétés et la présentation de ces savouries bienfaiteurs et revigorants. Voici quelques exemples de leurs découvertes :

Sandwich à l'écarlate

Pain de mie paré en forme carrée, beurré, moutardé et garni de langue écarlate et de persil plat.

Sandwich scottish

Pain de mie rond, beurré avec une composition de saumon émietté, de câpres et d'anchois.

« De toutes les circonstances de la vie où le manger est compté pour quelque chose, une des plus agréables est sans doute la halte de chasse. [...]
A l'heure promise, on voit arriver des voitures légères et des chevaux fringants, chargés de belles, de plumes et de fleurs. La toilette de ces dames a quelques chose de militaire et de coquet ; et l'œil du professeur peut, de temps à autre, saisir des échappées de vue que le hasard seul n'a pas ménagées.
Bientôt le flanc des calèches s'entr'ouvre et laisse apercevoir les trésors du Périgord, les merveilles de Strasbourg, les friandises d'Achard, et tout ce qu'il y a de transportable dans les laboratoires les plus savants. On n'a point oublié le champagne fougueux qui s'agite sous la main de la beauté ; on s'assied sur la verdure, on mange, les bouchons volent ; on cause, on rit, on plaisante en toute liberté ; car on a l'univers pour salon et le soleil pour luminaire. »

BRILLAT-SAVARIN,
Physiologie du goût, 1841.

Même l'exaltation des plus fervents adeptes de Nemrod se calme à l'ouverture des paniers de pique-nique…

Sandwich périgourdin

Pain grillé paré en forme triangulaire avec tranche de foie gras sur laquelle sont râpées des lames de truffe fraîche.

Sandwich Charlemagne

Pain de mie grillé, paré en forme rectangulaire, dont l'intérieur est garni de beurre au porto, de tranches de roquefort et de bacon grillé.

Sandwich pré-salé

Pain de mie paré en forme rectangulaire nappé d'un beurre composé parfumé de cresson et de raifort ; filet d'agneau découpé.

Dartois Saint-Antoine

Andouillette émiettée, additionnée d'une tombée d'échalotes, enroulée dans un feuilletage avant d'être enfournée.

Tartelette norvégienne

Fond de tartelette cuit garni d'œufs brouillés aux herbes additionnés de haddock à l'huile d'olive.

Tartelette tourangelle

Fond de tartelette cuit garni d'un gros champignon grillé empli de mayonnaise à l'œuf dur.

Entrées chaudes

Omelette aux mousserons des prés

Prévoyez une omelette pour 3 personnes. Dans une poêle en fer épaisse et bien affritée, sautez 500 g de mousserons au beurre. Réservez-les.

Dans cette même poêle chauffée avec 1 cuillerée d'huile et une noix de beurre, versez vos œufs battus et enroulez votre omelette sur elle-même. Répétez l'opération vivement pendant 2 à 3 minutes au maximum.

Au terme de cette cuisson, garnissez la surface de l'omelette de la moitié des mousserons embeurrés et roulez l'omelette en forme de fuseau sur un plat allongé.

Cernez-la du reste des mousserons et de quelques chapons aillés.

Affriter une poêle neuve consiste à la rendre apte à faire de la bonne friture en y faisant chauffer de la graisse, que l'on essuie ensuite à sec. On affrite également une poêle usagée en la nettoyant avec du gros sel.

« Jeanne se la rappela, qui venait à Belle-Sauve les matins de juin : elle sonnait à la grille blanche ; elle portait un panier de joncs tressés, plein de girolles fines-odorantes ; et la mère Méténier lui en achetait chaque fois deux assiettées, qu'elle payait douze sous au lieu de dix. Elle venait encore en septembre, et son panier était plein de mousserons ; en décembre, et le panier était plein de doucette ; et c'était toujours le même panier. »

M. GENEVOIX, *Jeanne Robelin*, 1920.

Œufs panés servis à Monsieur l'Abbé

Dans une casserole emplie aux deux tiers, ajoutez un verre de vinaigre de vin blanc et portez à ébullition.

Cassez alors les œufs très frais au ras du bouillon afin qu'ils s'enroulent sur eux-mêmes en tournoyant dans l'eau tourmentée. Laissez cuire 3 minutes puis plongez délicatement chaque œuf dans de l'eau glacée. Égouttez sur une serviette.

Quand les œufs sont bien refroidis, enveloppez-les de farine, d'œuf battu puis de mie de pain fraîche.

Alors, faites frire rapidement vos œufs panés puis quelques branches de persil frisé.

Présentez les œufs sur une serviette joliment pliée et accompagnez d'une sauce béarnaise servie en saucière.

« A chaque instant il tressaillait d'une surprise vive et légère, pour une touffe de lactaires énormes dont le chapeau creusé en conque, à travers des perles d'eau, montrait sa chair dense et crémeuse. »
M. Genevoix, *Les Mains vides*, 1928.

« Le bruit court qu'il y a des champignons.
– Des tricholomes ?
– On dit : des oreilles de chardon.
– Pleurotes huîtrées, fit M. Bailleul avec un semblant de sourire. Bonne récolte. Ils sont excellents. »
M. Genevoix,
La Loire, Agnès et les garçons, 1962.

Persillade de champignons sauvages

Nettoyez séparément :

Trompettes de la mort ....500 g
Pleurotes huîtrées ....300 g
Lactaires délicieux ....300 g
Rosés des prés ....300 g

Lavez les trompettes noires mais essuyez seulement avec un chiffon humide les autres champignons.

Escalopez les plus grosses pièces. Faites sauter chaque variété séparément au beurre. Assaisonnez-les de suite. Prenez garde de ne pas trop les dessécher. Egouttez-les ensuite dans une passoire.

Blondissez dans votre sautoir 100 g de beurre. Ajoutez en pluie 100 g de mie de pain fraîche persillée d'ail et d'appétits.

Enveloppez vos champignons sauvages dans cette mie de pain dorée et mousseuse. Servez aussitôt et mangez très chaud.

Couamelles grillées au gros sel

De retour de cueillette, préparez une bonne braise et faites chauffer votre gril.

Quand tout est à point, déposez les larges chapeaux de vos champignons et arrosez-les de beurre fondu. Saupoudrez de quelques morceaux de gros sel et d'un peu de poivre. Grillez-les sans les dessécher.

Dégustez, sur de fines tartines de pain de campagne beurrées de frais, ces coulemelles au nez de feuillage et de noisettes grillées.

Les « couamelles », « couemiots » ou « clousiaux », autrement dit coulemelles ou lépiotes, champignons très communs dans notre région, remplaçaient souvent, aux siècles derniers, la viande dans les assiettes des Solognots.

« *Notre cuisinière Marie n'aura que l'embarras du choix... Têtes de nègre, beaux cèpes, girolles : c'est un succès complet.*
– J'ai aussi des trompettes de la mort et quelques couâmelles, fit Clotaire en présentant de petits champignons noirs en forme de cornet, ainsi que de larges disques au-dessous d'un blanc très pur.
– Les couâmelles, c'est ça qui est bon ! On les met cuire sur le gril. Avec du beurre et du vinaigre, il n'y a rien de meilleur ! »

HUBERT-FILLAY, *Sous la futaie*, 1926.

L'introduction de la culture des asperges en Sologne est une histoire surprenante. Charles Depezay, gendarme solognot mobilisé lors de la guerre de 1870, se cacha, pendant le siège de Paris, sous le feuillage vaporeux d'un champ d'asperges montées, près d'Argenteuil. Jugeant de la similitude des sols, il déroba quelques griffes, les fourra dans ses poches et, de retour dans sa région, essaya de les acclimater, avec le succès que l'on connaît. Considérée à l'époque comme un légume de grand luxe, l'asperge blanche élevée dans les mers de sable de Contres et de Soings-en-Sologne reste aujourd'hui un des légumes les plus tendres et les plus raffinés.

Silvine ne mangeait pas de « guernazelles » dans son enfance. Elle s'amusait avec son frère à les pêcher puis à les taquiner et ce n'est qu'au château qu'elle apprit d'Aglaé à les préparer avec cette sauce poulette. Sauce blanche à base de fond de volaille, elle était aussi l'accommodement classique des fricassées et des pieds-de-mouton.

Pages suivantes : Les vaporeux plumeaux d'un champ d'asperges montées.

Asperges blanches à la sauce mousseline

Comptez au moins 500 g de belles asperges blanches par personne. Épluchez-les de la tête vers la queue. Ficelez-les en bottes en prenant garde de ne pas les briser.

Emplissez d'eau salée un fait-tout étroit. Cuisez les bottillons d'asperges debout, tête en l'air, et veillez à maintenir les pointes hors de portée de l'eau. Elles ne doivent cuire que par la vapeur dégagée. Recouvrez d'une étamine et laissez cuire pendant une vingtaine de minutes.

Dans une casserole à fond épais, battez au fouet 8 jaunes d'œufs avec 10 cl d'eau tiède de cuisson des asperges. Battez sans relâche jusqu'à consistance d'une crème onctueuse puis ajoutez 150 g de beurre fondu, 25 cl de crème fouettée et le jus d'un demi-citron. Salez et poivrez.

Pliez harmonieusement une serviette blanche. Rangez vos asperges sur ce lit. Servez la sauce mousseline en saucière.

Grenouilles à la poulette

Cuisine bourgeoise

Prévoyez 10 à 12 cuisses de grenouilles par personne. Faites-les suer au beurre puis recouvrez-les pendant 4 minutes.

Préparez votre sauce poulette avec :

Fond blanc de volaille	1/2 litre
Jus de cuisson de champignons	10 cl
Crème fraîche	20 cl
Jaunes d'œufs	4

Faites bouillir votre fond blanc avec du jus de champignons et la moitié de la crème fraîche pendant 10 minutes.

« Florentin, mon ami. Vous ne savez pas ce que vous dites, qu'il dit d'un air malin. Il y a la guernouille des mares, qui est verte et la guernouille des champs qui est rousse. Mais l'une et l'autre sont comercibles.
- Comercibles, que j'dis, pas possible !
- Oui, elles constituent une excellent aliment. Je voulais vous demander, Florentin, quel parti on tire dans le pays de ces animaux .
- Des guernouilles pisseuses ? Ma foi, Mossieu, j'ecreyons ben qu'à part les drôles qui les prennent pour, avec un'paille, y eux y souffler dans l'trou...
- Non ! non ! ce n'est pas à ce point de vue-là que je me place, Florentin ! Recourt-on vraiment dans le pays à cette ressource alimentaire, qu'i dit.
- Manger des guernouilles pisseuses ? J'cré ben, Mossieu, qu'jamais parsonne en a évu l'idée... Si l'cœur vous en dit, pour sûr qu'parsonne vous les disputera... Moué, j'vous cède ma part tout de suite...
Et Florentin, encore suffoqué, de conclure : Manger des guernouilles pisseuses ! y'a qu'des gens qu'écrivent dans les journaux pour avoir des idées pareilles ! Ah, c'est pas moué qu'essaierai ! »

HUBERT-FILLAY,
Les Contes de l'oribus, 1931.

Mélangez dans un bol le reste de la crème avec les jaunes. Versez doucement dessus la cuisson réduite tout en remuant.

Remettez le tout dans la casserole et vannez la sauce. Laissez-la s'épaissir tout en veillant à ne pas la laisser bouillir. Donnez de la vivacité en pressant un demi-jus de citron.

Enveloppez les grenouilles de cette sauce poulette onctueuse. Dressez dans un bol de service en argent et parsemez d'herbes fraîches hachées.

Boudins blancs farcis de veau de lait

Épaule de veau de lait ....400 g
Lard frais ....300 g
Oignon 1
Œufs 2
Crème fraîche ....1/4 l
Lait ....1/4 l
Sel fin ....20 g

Poivre, épices (clou de girofle et macis), thym, laurier.

Pilez le lard frais au mortier et hachez menu la chair de veau.

Ciselez finement l'oignon. Dorez-le à peine au beurre. Assemblez le veau, le lard et l'oignon, ajoutez la crème et les œufs. Épicez avec le sel fin, une prise de macis pilé, autant de poivre et de clou de girofle. Mélangez avec soin.

Portez à ébullition le lait parfumé d'une feuille de laurier et d'un brin de thym. Versez le lait refroidi petit à petit.

A l'aide d'un entonnoir, fourrez un boyau de porc de cette masse crémeuse. Nouez entre chaque boudin.

Faites-les pocher sans ébullition dans de l'eau salée pendant 20 minutes. Ces boudins égouttés et refroidis se conserveront au frais pendant 3 ou 4 jours avant d'être rôtis ou grillés.

Galette de pommes de terre

Grosses pommes de terre ....1 kg
Jaunes d'œufs 4
Œuf 1
Beurre ....200 g
Farine ....250 g
Sel fin ....25 g

Dans de l'eau salée, cuisez pendant 30 minutes les pommes de terre en robe des champs. Égouttez.

Lorsqu'elles sont refroidies, écrasez-les en purée avec les jaunes d'œufs et le sel fin. Ajoutez la farine tamisée et travaillez bien l'ensemble avant

La mère de Silvine, Maman-Douce, conservait la précieuse semence de la pomme de terre, encore trop peu répandue, dans ses sabots cachés sous son lit. Cette galette, somme toute assez récente puisqu'elle n'existerait que depuis deux siècles à peine, est devenue un grand classique de la Sologne et du Berry.

de former une boule. Laissez reposer 30 minutes au frais.

Ramollissez le beurre en pommade avant de l'étendre sur toute la surface de la pâte étirée au rouleau. Repliez la pâte en trois avant de l'étirer à nouveau sur 1 cm d'épaisseur. Donnez-lui une forme allongée, rectangulaire ou ovale.

Placez-la sur une tôle à pâtisserie. Dorez à l'œuf battu puis décorez de la pointe d'un couteau. Enfournez et laissez 30 minutes dans un four à 180°.

D'un geste habile, faites glisser la galette sur une grille. Dégustez froid ou tiède.

Bouchées à la reine des chasseurs

Aglaé

Pour garnir des bouchées en pâte feuilletée, préparez une farce à quenelle de faisan avec :

Chair de faisan ....400 g
Beurre frais ....200 g
Œuf 1
Blancs d'œufs 2
Sel épicé de poivre ....10 g

Dans un hachoir à grille fine, passez la chair assaisonnée. Pilez le hachis au mortier en ajoutant progressivement le beurre, l'œuf et les blancs.

Complétez cette farce avec une panade préalablement refroidie que vous aurez préparée avec 25 cl de lait bouilli avec 50 g de beurre. Hors du feu, vous aurez saupoudré de 125 g de farine tamisée et mélangé à la spatule.

Mélangez le hachis et la panade et passez le tout au tamis. Laissez au frais pendant 1 heure avant d'ajouter 40 cl de crème double.

Garnissez de cette farce une poche munie d'une douille unie. Formez sur une plaque beurrée des quenelles de forme allongée. Pochez 5 à 7 minutes dans de l'eau salée. Égouttez et taillez-les en petits tronçons de 2 centimètres.

Dans une sauteuse, faites suer 300 g de petites girolles. Mettez à chauffer 1 litre de velouté de poule faisane avec 20 cl de crème double. Laissez bouillir doucement pendant 5 minutes.

Hors de la flamme, noyez la garniture de quenelles et de girolles dans cette sauce. Juste avant de servir, ciselez un bouquet de cerfeuil et garnissez les bouchées feuilletées. Dégustez sans attendre.

Pour faire un velouté de poule faisane

Le velouté est un fond blanc lié au roux puis à la crème.

Dans un premier temps, préparez votre fond avec :

Poules faisanes 2
Carcasse de volaille crue 1
Oignons entiers cloutés de girofle 2
Carottes entières 2
Panache de céleri 1
Bouquet garni 1
Gros sel ....50 g
Grains de poivre ....6 à 8
Baies de genièvre ....6 à 8

Dans un fait-tout moyen, mettez l'ensemble de ces ingrédients, assaisonnement compris. Recouvrez d'eau. Amenez à ébullition. Maîtrisez le bouillon. Écumez et dégraissez régulièrement. Après 3 heures de cuisson, passez délicatement à l'étamine.

Pour lier le velouté, utilisez seulement la quantité de fond nécessaire. Par exemple, pour 1 litre de sauce, faites fondre 40 g de beurre, liez avec 25 g de farine tamisée et versez sur votre fond. Fouettez doucement jusqu'à ébullition. Finissez avec un trait de citron.

« Combien de nos travailleurs de cabinet, de nos assidus de bureau, déjeunent toute l'année de deux œufs et d'une tasse de thé ? L'ère de la chasse ouverte, quand même ils n'ont point encore tiré un coup de fusil, les chasseurs se croient obligés de dévorer le déjeuner de chasse consacré : gigots froids à la sauce verte, poulets au riz, veau Marengo, salades de légumes, etc., etc. »
in L'Illustration, 1880.

Poissons

« De temps en temps, quelques courageux se levaient, descendaient "voir aux balances". On entendait l'égouttis de l'eau, les claquements de queue frénétiques des écrevisses soulevées dans le filet, une grosse voix d'homme qui invitait, pateline : "Prenez-là donc, y a pas d'danger !" et le cri aigu d'une femme qui retirait vivement son doigt devant les pinces soudain brandies. »

M. GENEVOIX,
La Loire, Agnès et les garçons, 1962.

Écrevisses au jus beurré

Ayez 60 écrevisses. Retirez-leur la nageoire centrale et le boyau noir qui, sinon, donnerait une saveur amère.

Préparez une courte nage aromatique. Dans une casserole, portez à ébullition 1 litre d'eau dans lequel vous ajoutez :

Carotte finement taillée 1
Échalotes finement taillées 4
Tomate très mûre, coupée en 4 1
Peluches de céleri ....1 poignée
Peluches de persil plat ....1 poignée
Poivre concassé ....10 g
Thym et laurier ....quelques fragments

Lorsque les légumes sont cuits, retirez la casserole et salez à point.

Dans un sautoir plat, faites prendre une mousse blonde à 100 g de beurre avant d'y jeter vos écrevisses. Remuez vivement. Arrosez alors d'une demi-bouteille de vin blanc sec. Pressez le jus d'un demi-citron et attendez le bouillon. Versez la nage de légumes et laissez cuire 5 minutes à grand feu.

Dans un plat creux, mêlez légumes et écrevisses. Arrosez du reste du jus. Répartissez 150 g de beurre frais en petites parcelles. Servez aussitôt : le beurre ne doit pas avoir le temps de fondre !

Friture d'ablettes et de gardons

Faites dégorger à l'eau salée 1 kg de friture d'étang fraîchement pêchée composée d'ablettes et de gardons de la taille d'alevins. Si votre friture est plus grosse, prenez soin de l'étêter et de la vider. Rincez abondamment, égouttez et séchez.

Faites chauffer votre friteuse avec une bonne quantité d'huile. Amenez à bonne température. Alors trempez vos poissons dans du lait, égouttez-les grossièrement avant de les rouler dans de la farine.

Placez vos alevins dans le panier à friture, secouez légèrement pour retirez l'excédent de farine.

Plongez-les dans l'huile très chaude.

Retirez les poissons frits lorsqu'ils auront attrapé une belle couleur dorée. Égouttez et assaisonnez d'une pluie de sel fin.

« Une miette de pain tomba dans l'eau, et aussitôt une chiquenaude vive en vint érafler la surface, élargissant des ronds tremblants, presque à l'infini propagés. Alors il joua, oublieux du temps, avec les ablettes de l'étang.
Il y en avait des myriades. Elles montaient, petits fantômes sombres, peu à peu bleuissantes, vraiment bleues quand le jour réfracté les touchait sous une vitre d'eau. Il voyait leurs nageoires vibrantes, délicates comme des pétales, leurs gros yeux ronds à fleur de tête, l'allongement vers le haut de leurs lèvres nacrées, si menues, si vives pourtant à déchiqueter le bouchon de mie flottant.
Qu'il faisait bon ! Et que l'on était bien ! »

M. Genevoix,
La Loire, Agnès et les garçons, 1962.

«Et dans l'épuisette émergeante se débattait une carpe monstrueuse, à soubresauts pesants et mous.»
M. GENEVOIX, *Raboliot,* 1925.

Quand on vide un étang, il est toujours de coutume de préparer une matelote au vin rouge avec la première carpe pêchée.

Faites frire à leur tour quelques branches de persil.

Dans une serviette artistiquement pliée, dressez en pyramide de la friture bien chaude mêlée de persil frit. Entourez de quartiers de citron taillés à l'avance afin de ne pas perdre de temps pour déguster cette croustillante friture brûlante...

Matelote de carpe au vin rouge

Choisissez dans les corbillots d'osier une belle carpe de 2 à 3 kg. Videz-la et coupez-la en 6 ou 8 tronçons.

Hachez 4 oignons et 10 échalotes grises. Écrasez 5 gousses d'ail. Dans un sautoir, faites suer l'oignon, l'échalote, l'ail et ajoutez une douzaine de grains de poivre et un joli bouquet d'aromates. Attendez que votre garniture ait une belle couleur blonde pour y poser vos morceaux de carpe. Versez une bouteille et demie de vin rouge. Laissez frémir 30 minutes sur un coin de votre fourneau.

Dans une casserole, faites à peine roussir 50 g de beurre et 40 g de farine. Arrosez le mélange du vin rouge de cuisson de la carpe. Remuez un peu et laissez reprendre une ébullition. Votre sauce s'épaissit ; remuez de temps à autre. Passez-la au chinois sur la carpe. Ajoutez 100 g de beurre frais en fines parcelles. Conservez au chaud 15 minutes

Pendant ce temps, nettoyez et coupez en quartiers 500 g de petits champignons de couche. Faites-les dorer vivement au beurre dans une poêle.

Décantez les tronçons de carpe dans un plat creux. Redonnez un dernier bouillon à votre sauce. Goûtez-la avant de l'assaisonner et passez-la au chinois au-dessus de la carpe. Ajoutez les champignons, parsemez de persil haché.

Mangez bien chaud en plaçant au fond de chaque assiette une tranche de pain grillé. Passez au four avant de servir.

Goujonnettes d'anguille sauce gribiche

Après les avoir dépouillées, levez en filets 3 anguilles de 800 g chacune. Coupez chaque filet en deux et jetez-les dans un court-bouillon acidulé pendant 10 minutes. Égouttez et épongez-les.

Biseautez chaque filet en trois. Il faut ensuite les fariner, les tremper dans de l'œuf battu et les rouler dans de la mie de pain fraîche.

Plongez-les dans une huile de friture chaude juste le temps de les dorer. Égouttez-les sur une serviette. Salez aussitôt et servez dans l'instant avec la sauce suivante.

Pour faire une sauce gribiche, écrasez 6 jaunes d'œufs à peine durcis avec 1 cuillerée de moutarde forte. Gardez de côté les 6 blancs. Ajoutez 2 cuillerées de vinaigre de vin dans lequel vous aurez fait dissoudre le sel et une pointe de Cayenne. Incorporez doucement 40 cl d'huile d'olive.

Dans la cabane d'un pêcheur d'étang, un tableau récapitule les noms et surnoms des poissons selon leur taille et leur âge.

« Quelle odeur ! Violente et fraîche, suffocante et saine en même temps. Toutes ces anguilles enroulées, entassées, coulant et tortillant leurs nœuds, leurs orbes, leurs serpentins entrelacements, ne formaient qu'un seul bloc glissant, gluant, une seule anguillerie à cent nœuds que nulle fileuse n'eût su démêler. »

M. GENEVOIX,
Le Roman de Renard, 1958.

Vous aurez préparé 100 g de cornichons et de câpres hachés, 2 cuillerées d'estragon, de ciboulette et de cerfeuil frais hachés. Assemblez avec la sauce et recouvrez des 6 blancs d'œufs ciselés.

Brochets au bleu

Cuisine bourgeoise

Pour cuire vivants 3 brochets de 800 g à 1 kg chacun, préparez le court-bouillon suivant.

Faites bouillir 15 minutes 4 litres d'eau parfumée avec :

Carottes en rondelles	3
Oignons	3
Gros bouquet garni (avec queues de persil)	1
Poivre en grains	15
Clous de girofle	2
Gros sel	50 g

Videz les brochets et placez-les, sans les écailler, dans votre poissonnière. Arrosez-les de 50 cl de vinaigre de vin blanc puis versez le court-bouillon chaud. Les brochets vont alors se cambrer. Replacez le couvercle pour éviter les remous.

Laissez frémir de 15 à 20 minutes puis retirez-les hors du feu. Soulevez délicatement la grille du

Depuis le IXe siècle, et peut-être même auparavant, la Sologne est peuplée d'étangs. Les châtelains, colons et moines ont érigé jusqu'au XVIIe siècle des levées qui barraient « noue » ou « marchais », marécage ou rivière, formant ainsi des « garennes à poisson » qui leur assuraient, à l'époque médiévale, un bénéfice à l'hectare aussi important que celui d'un champ de blé en Beauce. En ces temps où les jours maigres s'élevaient au nombre de cent quarante par an, l'étang était une source de profit non négligeable. Après la pêche des carpes et des brochets, ils chassaient canards sauvages, sarcelles, poules d'eau, vanneaux, pluviers ou courlis, considérés par l'Église comme des gibiers maigres et également autorisés durant le Carême. Ils pouvaient, d'autre part, laisser leurs étangs à sec pendant deux ou trois années et faire cultiver, sur cette terre enrichie par les limons, de l'avoine, du seigle ou du « carabin », le blé noir, avant de les remettre en eau. Leur importance économique était telle que le comte de Blois avait nommé pour veiller au revenu de ses propres étangs un « maître des Eaux Dormantes »...

fond de la poissonnière et vous verrez apparaître vos brochetons dans leur enveloppe de limon bleuté.

Faites-les glisser délicatement dans un plat sans les briser ni ôter leur pellicule mate. Arrosez-les de bouillon de cuisson.

Servez-les avec un beurre fondu préparé comme suit. Prélevez une louche de bouillon. Dans une petite casserole, mélangez-le à une cuillerée de crème fraîche et incorporez 300 g de petites parcelles de beurre bien froid. Fouettez régulièrement. Assaisonnez et versez dans une saucière.

Pages suivantes : «Il y avait comme un poudroiement tiède, une cendre verte et blonde qui tremblait au-dessus de l'étang. Et toutes ces nuances, sans se confondre, se liaient pourtant les unes aux autres en une harmonie suave et forte : des lichens gris feutrant l'écorce des vieux arbres aux ramilles pourpres des bouleaux, des roseaux imbibés de soleil aux épaisseurs vertes des pins.» M. GENEVOIX, *Marcheloup,* 1914.

Paupiettes de sole aux écrevisses

Monsieur Edouard

Nettoyez et levez en filets 3 belles soles de 500 à 600 g. A l'aide d'une batte, tapez légèrement les filets pour casser les nerfs. Réservez au frais.

Nettoyez et parez 60 belles écrevisses. Dans un sautoir, faites-les rougir au beurre sur un feu vif en 3 ou 4 minutes. Égouttez-les et séparez les coffres des queues. Réservez la chair.

Pilez les coffres au mortier. Placez-les dans le sautoir déjà utilisé avec une petite garniture de carottes, échalotes, blancs de poireaux hachés finement, quelques grains de poivre, 4 gousses d'ail aplaties, 1 petit bouquet garni rehaussé de céleri et 2 tomates bien mûres écrasées. Flambez avec un trait de cognac. Mouillez d'un bon verre de vin blanc et complétez avec 75 cl d'eau. Laissez cuire un quart d'heure.

Passez au travers d'un chinois fin en pressant fortement pour en extraire tous les sucs. Ajoutez à ce coulis 50 cl de crème fraîche et laissez cuire doucement.

Pilez 30 queues d'écrevisses au mortier. Afin d'obtenir une pommade bien lisse, ajoutez avec

« En entrant, les convives, qui souriaient aux dames qu'ils avaient à leur bras, eurent une expression de béatitude discrète. Les fleurs mettaient une fraîcheur dans l'air tiède. Des fumets légers traînaient, mêlés au parfum des roses. Et c'était la senteur âpre des écrevisses et l'odeur aigrelette des citrons qui dominaient. »

É. ZOLA, *La Curée,* 1871.

Fuseaux argentés et frétillants des petits alevins bons pour la friture.

précaution un blanc d'œuf et 20 cl de crème fraîche. Assaisonnez à point et passez au tamis fin.

Sortez vos filets de sole. Recouvrez-les de cette mousse et faites-les rouler sur eux-mêmes. Masquez les côtés avec le restant de la farce. Gardez-les au frais une demi-heure afin de les raffermir.

Rangez ces paupiettes dans un plat beurré. Versez une louche de bouillon de légumes. Couvrez d'un papier de cuisson beurré et mettez au four chauffé à 170° pour une dizaine de minutes.

Coupez les queues d'écrevisses restantes en deux. Mêlez-les à une trentaine de champignons «boutons» cuits à blanc, c'est-à-dire dans un peu d'eau salée, complétée d'un peu de beurre et de jus de citron.

Pour finir, égouttez vos paupiettes de sole et ordonnez-les dans un plat de service. Faites-leur une haie d'honneur de champignons et d'écrevisses et nappez-les de la sauce ajustée d'une prise de sel et d'une pointe de cayenne. Envoyez également une saucière de cette sauce moelleuse.

Mes quenelles de poisson au gratin

Pilez au mortier 400 g de chair de brochet ou de sandre. Ajoutez 200 g de beurre puis 6 blancs d'œufs. Broyez le plus finement possible afin d'obtenir un mélange bien lisse. Gardez au frais.

D'autre part, faites bouillir 25 cl de lait, 50 g de beurre et comme pour une pâte à choux, ajoutez hors du feu 125 g de farine. Remuez bien et ajoutez 2 œufs entiers.

Une fois ce dernier mélange refroidi, assemblez-le à la chair de poisson pilée et passez le tout au tamis. Assaisonnez de sel épicé et ajoutez pour finir 25 cl de crème double.

Façonnez vos quenelles entre deux cuillères avant de les pocher dans une eau frémissante et salée durant 8 à 10 minutes. Égouttez-les délicatement sur un linge.

Pour accompagner vos quenelles d'une sauce veloutée, il faut tout d'abord préparer un fumet de poisson.

Faites suer au beurre une carotte, un oignon et un poireau. Ajoutez quelques arêtes de poisson et mouillez d'une demi-bouteille de vin blanc et d'un peu d'eau aromatisée de thym et de laurier. Laissez cuire d'un sage bouillon pendant 30 minutes. Passez à l'étamine et réservez.

Dans une casserole, faites fondre 60 g de beurre. Ajoutez 40 g de farine. Laissez à peine blondir et versez alors un litre de fumet de poisson en remuant au fouet. Laissez cuire 15 minutes tout en écumant. Ajoutez ensuite hors du feu 30 cl de crème et 3 jaunes d'œufs. Délayez ensemble. Ajustez l'assaisonnement.

Alignez vos quenelles dans un plat creux beurré. Arrosez-les d'une louche de fumet de poisson. Recouvrez-les d'un papier beurré et laissez-les enfler pendant quelques minutes dans un four doux.

Peu de temps avant de servir, nappez-les copieusement de votre sauce veloutée. Saupoudrez de fromage râpé finement. Enfournez-les dans un four vif et gardez-les sous votre surveillance. Servez au sortir du four ces quenelles rebondies enveloppées de velouté filant.

Dans la froidure hivernale, les pêcheurs d'étang se réchaufferont bientôt avec du vin chaud autour des grands feux dressés sur la berge.

«Cette rivière s'appelait l'Andeline. Elle était sinueuse et profonde, bordée de saules et d'osiers drus. Sous les racines des plus vieux saules, des cavernes creusaient les berges, où se tenaient tapis des chevesnes, parfois une grosse truite à l'affût. L'été les petits pâtres du village, s'étant mis nus, plongeaient sous les feuillages d'argent et, la main doucement tâtonnante, exploraient ces retraites profondes.»

M. Genevoix, *La Forêt perdue*, 1967.

« Seul le long cordon ombilical et coudé des chemins privés, qui débouchent entre deux poteaux couleur de chaux sur l'accotement, relie à la route les petits châteaux de chasse qui se tiennent très au large tapis sous les arbres, et se souviennent du hallier, du viandis et de la bauge : curieusement le chasseur ici a agencé son habitat sur le modèle du terrier ; on ne voit de la route que son issue mesquine et couverte : deux ornières de sable gris séparées par une bande d'herbe, qui se perdent au premier coude derrière la fumée verte des bouleaux. »

J. Gracq, *Lettrines*, 1967.

Ci-contre : À l'aide des couverts de service destinés à cet usage, le maître d'hôtel commence à lever en filets le sandre au collier de persil.

Sandre grillé aux carottes frites

Aglaé

Préparez une braise ardente et sur votre gril très chaud, placez un sandre de 2,5 à 3 kg badigeonné d'huile fine. Déplacez-le avec calcul et minutie pour obtenir un quadrillage régulier. Débarrassez-le sur un plat de service au terme de la cuisson et réservez-le au chaud.

Taillez 6 carottes en fines rondelles. Plongez-les dans une friture à 140° environ. Retirez-les lorsque la cuisson aura accentué leur couleur orangée vers des tons brique et qu'elles seront bien croustillantes.

Pour accompagner le sandre, préparez une sauce Colbert comme suit. Battez en pommade :

Beurre	250 g
Jus de citron	1/2
Jus de viande	2 cuillerées
Persil haché	2 cuillerées
Noix de muscade	1 prise
Poivre de Cayenne	1 prise
Sel marin	1 prise

Dressez le sandre sur un plat garni d'une serviette pliée en gondole. Accompagnez de carottes frites et du beurre Colbert servi en saucière.

Saumon à la Chambord

Monsieur Edouard

Chef-d'œuvre de l'art culinaire du XIXe siècle, Edouard Fourmet a choisi de présenter son saumon à la Chambord dans une blanche coupe opalescente de pâte comestible.

Taillez 6 darnes de saumon. Alignez-les dans une plaque à poisson beurrée. Entourez-les d'aromates tels que thym, laurier et clous de girofle. Mouillez, en veillant à ne pas arroser les darnes, avec moitié de vin rouge et moitié de fumet de poisson. Faites à peine frémir. Couvrez simplement d'un papier beurré et laissez une douzaine de minutes. Retirez alors du feu.

Dans un sautoir, étuvez une fine garniture de :

Carotte .... 100 g
Échalote .... 100 g
Céleri .... 20 g
Tête de saumon 1

Mouillez avec la cuisson du saumon, 1 litre de consommé et une bouteille de vin rouge. Laissez réduire des 2/3 puis passez au chinois. Terminez

« *Cette longue promenade de fin de journée sous le beau soleil jaune et oblique était à proprement parler délicieuse, et la vue la plus approchée jusqu'ici que je connaisse des jardins d'Eden.* »

J. GRACQ, *Lettrines*, 1967.

cette sauce avec 30 g d'anchois liés et 200 g de beurre pommade.

Préparez une farce à quenelles de brochet avec 50 g de truffes hachées. Formez-les à la cuillère et faites-les pocher doucement comme il se doit.

Cuisez à blanc dans une casserole garnie d'eau, de beurre, de citron et de sel, 30 têtes moyennes de champignons cannelés.

Ébouillantez 5 minutes dans la cuisson des champignons une douzaine d'écrevisses puis décortiquez les queues sans les détacher des coffres.

Pelez 6 truffes fraîches et laissez-les infuser dans la sauce en attente.

Escalopez la laitance de saumon que vous aurez réservée et cuisez-la à la meunière.

Enfin, découpez dans du pain de mie 12 croûtons à frire de forme rectangulaire.

Sur un large plat ovale, dressez la suite des saumons au centre. Entourez-les de truffes, quenelles, laitance et champignons alternés. Disposez les écrevisses en protectrices du plat et intercalez les croûtons frits. Escortez votre plat d'un bol de sauce...

Volailles et viandes de boucherie

Dinde de Noël aux marrons

Choisissez une poule d'Inde de 4 kg, un peu grasse. Parez-la et videz-la par le cou par où vous la farcirez. Préservez-en la peau pour pouvoir refermer l'issue.

Préparez une farce finement hachée avec :

Chair maigre de veau ....250 g
Échine de porc ....250 g
Lard gras ....250 g

Malaxez cette viande avec 2 oignons taillés fins, 300 g de brisure de marrons et 100 g de truffes. Ajoutez 25 g de sel épicé de poivre, de muscade, de clou de girofle et de sauge.

Emplissez l'intérieur de votre dinde de ce mélange et cousez à l'aiguille la peau du cou rabattue.

Bridez-la et embrochez votre volaille. Laissez-la rôtir 2 h 30 en l'arrosant fréquemment de sa graisse parfumée qui s'égoutte dans la lèchefrite.

Pendant ce temps, retirez au couteau la première peau de 30 marrons. Ébouillantez-les pour leur ôter la seconde. Faites-les étuver au beurre avec un fond de consommé et associez 20 petites truffes.

Le « coq d'Inde » ou dindon, volaille exotique importée du continent américain, fut introduit en Sologne dès la fin du XVIIe siècle. Son élevage, tout d'abord destiné aux rois puis aux seigneurs locaux, s'est intensifié dans les fermes solognotes à la fin du XIXe siècle où des troupeaux de plus de deux cents bêtes n'étaient pas rares. Ces dindes étaient principalement destinées à l'Angleterre où cinq cent quarante tonnes ont été expédiées en 1898 pour les fêtes de Noël.

Une dindonnière solognote surprise aux champs en train de filer la laine.

«Pays qui se referme et se pelotonne sur lui-même à la façon d'un ciel de nuages, et qui rend moins invraisemblable, à le visiter, l'équipée du Grand Meaulnes vers le château perdu : la lumière qui disparaît derrière les arbres, la bergère aperçue de loin dans une clairière, et sur laquelle les fourrés se referment avant qu'on ne l'atteigne.»

J. GRACQ, *Lettrines*, 1967.

Découpez les 4 membres de votre dinde puis divisez-les en escalopes. Écartelez la carcasse pour extraire le bloc de farce et coupez-le en rondelles.

Sur un large plat, alternez en couronne la viande escalopée et la farce tranchée. Au centre, dressez les marrons et les truffes étuvés. Accompagnez d'une saucière de jus de cuisson transpiré par la dinde.

Chevreau persillé

Mémère-Grand

Découpez un demi-chevreau en séparant les cuisses du râble, l'épaule de la poitrine.

Assaisonnez puissamment les morceaux. Frottez-les d'ail pilé, de laurier et de sarriette.

Gardez-les une heure au frais avant de les faire rôtir dans une plaque à four vif pendant 20 minutes.

En fin de cuisson, recouvrez-les de mie de pain tamisée agrémentée d'ail, de persil, de poivre et de sel. Laissez-la bien dorer.

Accompagnez votre chevreau persillé d'une sauce mayonnaise enrichie d'ail, de cives et d'un filet de citron.

Poulet chasseur des Demoiselles Tatin

Exquis

Videz un poulet fermier de 2 kg. Hachez menu le foie et le cœur. Complétez par 150 g de foie de volaille, 50 g d'échalote et 2 cuillerées à potage d'estragon ciselé. Liez votre hachis avec 1 jaune d'œuf et 100 g de mie de pain tamisée, dorée au beurre. Emplissez l'intérieur de la volaille avant de la brider.

Faites dorer votre poulet sur toutes ses faces dans une cocotte chauffée d'huile et de beurre. Entourez-le de ses abattis ainsi que d'une carotte et d'un oignon coupés en rouelles. Laissez cuire une heure. Vers la fin de la cuisson, arrosez d'un verre d'eau.

Découpez votre volaille, délivrez le hachis prisonnier de la carcasse, partagez-le au centre de votre plat de service et couvrez-le d'une cuisine de girolles sautées au beurre au dernier moment. Arrosez du jus de cuisson passé au chinois.

« "Regardez voir!" Elle avait posé le plat sur la table, au milieu du tapis à losanges de laine : la volaille se bombait, chaude encore, montrait sa chair fine et blanche par les craquelures de sa peau. "Et sentez voir !" Ils s'étaient penchés, les narines chatouillées jusqu'au fond par le fumet du rôti, hochant la tête et la joie aux yeux. »

M. GENEVOIX,
Rémi des Rauches, 1922.

Rissoles à la viande

Aglaé

Sur le marbre, pétrissez ensemble 200 g de beurre, 10 cl d'eau, 3 œufs et 1 pincée de sel déposés au centre de 500 g de farine creusée en fontaine. Ramassez votre pâte en boule et laissez-la reposer 1 heure au frais.

Faites suer au beurre 50 g d'échalotes hachées. Ajoutez 250 g de hachis de champignons blancs, 100 g de petits dés de jambon, 500 g de viande blanche cuite passée au hachoir, 10 cl de vin de Madère et 2 cuillerées de persil ciselé. Salez, poivrez et râpez 3 fois une noix de muscade. Laissez refroidir votre farce.

Étirez la pâte au rouleau. Placez à espaces réguliers des noix de farce tassées. Autour d'elles, badigeonnez votre pâte à l'aide d'un pinceau trempé dans de l'œuf battu. Rabattez la pâte qui va ainsi se coller. Laissez de nouveau reposer 30 minutes. Découpez vos rissoles.

Jetez-les dans l'huile très chaude. Remuez-les délicatement pendant la cuisson. Salez vos rissoles égouttées et sur une serviette, montez-les en dôme auréolé d'une couronne de persil frit.

« Un bond encore, un froissement de feuilles : et le lapereau effrayé détalait à toutes pattes sous son nez, lui montrant ses semelles usées et la touffette de sa queue blanche. »

M. GENEVOIX, *Rroû*, 1931.

Notre terre sablonneuse possède sa propre variété ovine : un mouton brun de race pure, vorace et rustique, dont la laine fournissait la matière première à une importante industrie drapière installée à Romorantin depuis le XVIe siècle et dont la viande concurrençait, à la Belle Époque, les prés-salés dans les meilleures boucheries parisiennes.

Lapin à la Saint-Aignan

Recette du courantin

Découpez en morceaux un lapin de 1,5 kg que vous aurez préalablement vidé. Assaisonnez les chairs et fricassez-les au beurre.

Lorsqu'ils seront bien dorés, ajoutez 2 oignons hachés et, avant qu'ils ne se colorent trop, 2 tomates bien mûres écrasées. Mouillez d'un demi-litre de jus de viande.

Après un bon bouillon, couvrez votre casserole et patientez pendant 1 heure.

Pour finir, ajoutez, hors du feu, un demi-litre de crème double délayée dans 1 jaune d'œuf avec un trait de citron, une pointe de cayenne, une pointe de safran et une demi-cuillerée de caramel brun.

Gigot chamoisé

Parez et ficelez un gigot d'agneau de 1,5 kg. Placez-le dans un plat creux et recouvrez-le des ingrédients suivants :

Gros oignons fendus en 4 .... 300 g
Échalotes entières ....100 g
Gousses d'ail ....100 g
Carottes émincées grossièrement ....200 g
Poivre concassé ....20 g
Clou de girofle ....30 g
Macis ....20 g
Gingembre ....20 g
Thym ....10 g
Laurier ....10 g
Sauge ....10 g
Persil ....40 g
Citron coupé en rondelles fines 1
Vin blanc moelleux ....1 bout.
Vin rouge corsé ....1 bout.
Cognac ....25 cl

Laissez le gigot mariner au frais pendant une semaine. Retournez-le chaque jour en ayant bien soin de replacer la garniture sur la pièce de viande.

Une fois ce laps de temps écoulé, enfournez-le. Quand il est bien doré, arrosez-le de la marinade et laissez-le rôtir pendant 45 minutes.

Passez au chinois le reste de la marinade, faites-la réduire à feu vif pour obtenir un jus concentré.

Les jeunes gardeuses appelaient leurs oies des « perrettes ».

Oie des vendanges au verjus

Dans une cocotte épaisse, faites roussir au four une oie de 3 à 4 kg environ. Arrosez-la souvent de sa graisse.

Après une heure de cuisson, ajoutez 12 oignons coupés en deux, 12 jolis navets blancs entiers et 6 belles saucisses piquées. Faites rissoler cette garniture tout en continuant la cuisson de l'oie.

Quand les légumes sont bien caramélisés et frits dans la graisse d'oie, réservez-les. Retirez également les saucisses. Terminez la cuisson de l'oie, qui doit être, en tout, d'environ 2 h 30.

Versez dans la cocotte une demi-bouteille de verjus, ce jus obtenu en pressant les raisins verts qui n'ont pas été retenus pour faire le vin, condiment idéal pour relever la saveur douce des oignons et des navets confits. Donnez une bonne ébullition pour décoller tous les sucs de cuisson.

Faites trôner cette oie conviviale entourée de sa garniture sur un plat de service et versez le jus de cuisson grassouillet dans une saucière.

Cet objet bizarre est une ancienne daubière utilisée pour le fricandeau. Ses languettes cornues servaient à retenir braises et cendres.

Le fricandeau de Monsieur le Marquis

Aglaé

Taillez 200 g de lard frais en gros bâtonnets que vous utiliserez pour piquer 1,5 kg de rouelle de veau désossée.

Assaisonnez la pièce de viande de sel et de poivre. Placez-la à cru dans une casserole avec 1 litre de consommé, 2 carottes et 2 oignons coupés en dés. Faites prendre l'ébullition puis enfournez dans un four chaud, pendant 1 heure environ, afin de réduire la cuisson à «glace». Ajoutez à nouveau 1 litre de consommé et laissez mijoter au four à couvert 1 heure encore. Alors retirez le couvercle et arrosez régulièrement pour lustrer la rouelle qui doit prendre une teinte ambrée et brillante.

Dressez-la dans un plat creux avec le reste de la sauce passée. Entourez votre fricandeau de carottes nouvelles et de petits pois cuits à l'eau puis étuvés au beurre. Servez très chaud.

Gibiers

Le pot-au-feu du braconnier

Philomène

Tapissez le fond d'un pot de grès allant dans la braise de 3 carottes, autant d'oignons et de navets, 1 beau panais et 1 chou fendu en quatre.

Jetez dedans une poignée de châtaignes épluchées, un bouquet de serpolet et quelques billes de genièvre.

Ajoutez un « raboliot » en morceaux, 2 perdrix plumées et vidées ou bien quelques grives.

Mouillez mi-vin blanc mi-eau et laissez mitonner 5 heures.

Grillez de larges tranches de pain. Placez-les dans le fond de vos écuelles. Trempez largement votre soupe de ce bouillon odorant puis des légumes avachis et des viandes défaites.

Mangez en secret...

Le civet de lièvre de Monsieur

Coupez une livre de lard maigre en cubes réguliers. Faites-les sauter sur un feu gai pour qu'ils se teintent d'une belle couleur blonde. Égouttez-les.

Dans leur gras, colorez les chairs découpées d'un beau «trois-quarts» frais (lièvre de l'année).

Un raboliot est un jeune lapin de garenne sortant depuis peu de son terrier.

« Court et musclé, le regard vif, le geste prompt, c'était bien le même homme qui traversait d'un pas solide le courtil de Marcheloup, qui tirait de sous sa pèlerine un lapin apporté en cachette, et qui disait en riant du coin des yeux : "Ne le répétez pas, il est à M. le marquis". »

M. Genevoix, *Tête baissée*, 1935.

Viande noble, le lièvre a été surnommé dans notre région un « marquis ». On parle de lui avec respect quand on le nomme « marquis de belle course ».

« Sarcelotte disait encore : "les lieuves". Et aussitôt, des capucins hottus se gîtaient au creux des sillons, se collaient, le poil invisible, le long d'un tas de veilles fanes ; mais Raboliot souriait parce qu'il les voyait quand même, dépeignant leur œil de côté, craintif, écarquillé tout rond. Et les grands lièvres déclenchaient leurs jarrets, se déployaient de tout leur long, efflanqués, bondissant, crochetant, le cul soulevé, la terre des champs volant en poudre à leurs semelles... »

M. GENEVOIX, *Raboliot*, 1925.

En préparant la bête, vous aurez pris soin de sauvegarder son sang.

Ajoutez la garniture suivante :

Échalotes hachées ....100 g
Oignons hachés ....100 g
Carottes émincées ....100 g
Champignons émincés ....100 g
Ail ....4 gousses
Clou de girofle 1
Petit bouquet garni 1

Remettez les lardons et flambez l'ensemble avec 25 cl de cognac. Saupoudrez d'une cuillerée de farine et torréfiez quelques instants au four.

Arrosez de 2 bouteilles de vin rouge bourguignon et de 1 litre de bon consommé. Enfournez le civet à couvert. Si l'os de la patte se brise facilement, la cuisson n'excédera pas 2 heures.

Lorsque votre lièvre est cuit, décantez les morceaux dans une autre casserole avec la sauce pressée au chinois. Délayez le sang dans un bol avec quelques cuillerées de sauce et 100 g de beurre fondu. Transvasez le contenu du bol qui servira de liaison dans votre sauce. Surtout ne poivrez pas car, comme dit Monsieur sentencieusement : « Cela masquerait le fumet du lièvre !... »

Servez votre civet de lièvre bien chaud, en veillant toutefois à ne pas le laisser bouillir. Présentez-le avec de fines tranches de pain frites.

Le lièvre au caramel du père Camus

Coupez en morceaux un beau «capucin» (lièvre de plus d'un an). Taillez en tranches une livre de poitrine demi-sel.

Enduisez les morceaux de lièvre de poudre de sucre avant de les placer dans un sautoir. Caramélisez-les sur un gentil feu, tout en veillant à ne pas faire brûler le sucre, puis déglacez votre sautoir avec une bouteille de vin blanc moelleux du Val de Loire.

Laissez réduire complètement puis recouvrez de bouillon de légumes. Salez un peu, poivrez bien et ajoutez 3 clous de girofle, une prise de muscade râpée et quelques brins de menthe, de sarriette et de serpolet.

A part, poêlez 12 échalotes émincées et placez-les sur les morceaux avec 30 «mesles» (nèfles) crues, flétries par les premiers gels. Couvrez et confiez-les à un feu doux pendant 4 ou 5 heures.

Découvrez alors votre sautoir et décantez avec délicatesse le lièvre et les lardons. Versez sur la viande le reste de la sauce filtrée. Pressez fortement les échalotes et les nèfles dont la purée mêlée liera votre sauce.

Terminez votre sauce caramélisée en la lustrant doucement avec 100 g de beurre pommade.

« Le meilleur garde-chasse est toujours un peu braconnier. Pour dépister un renard ; découvrir une bauge ; voir, à cent mètres, dans un chaume, les oreilles d'un lièvre ; suivre des perdrix qui filent le long des guérets ; trouver une musse ; pincer un blaireau ou une fouine ; il faut avoir des sens affinés par l'habitude et surtout par l'amour de la chasse, le goût de l'affût ou de la poursuite. Il faut avoir cela dans le sang. Et notre père Florentin, tout en surveillant jalousement le gibier de son maître, ne détestait pas s'offrir, par-ci, par-là, un petit plat qu'il cuisinait à sa façon... Un lapin de garenne aux choux, avec de bonnes grosses saucisses fumées et une branche de thym pour parfumer le rata ; un bon morceau de cerf en daube, avec des carottes nouvelles, un demi-verre d'eau-de-vie et des petits oignons bien revenus, le père Florentin avait des frigousses à lui, des recettes originales, délicieuses à s'en lécher les doigts. »

HUBERT-FILLAY,
Les Contes de l'oribus, 1930.

Assiette en faïence populaire du Nivernais (XIXe siècle) représentant une voiture à chien, l'ancien transport favori du facteur et du boulanger. Menant leur maître jusqu'à dix kilomètres à l'heure, ces solides corniauds retrouvaient parfois leur instinct naturel quand l'odeur d'un gibier venait chatouiller leur truffe. Le conducteur se retrouvait alors souvent les quatre fers en l'air, sa carriole renversée dans le fossé !

A l'époque féodale, une garenne était un domaine de chasse réservé exclusivement au roi où le gibier se trouvait en abondance. Ce privilège s'étendit ensuite aux seigneurs puis le mot désigna, par extension, toute étendue boisée où les animaux, notamment les lapins, pouvaient se reproduire à l'état sauvage. Enfin, par élision, le lapin de garenne est devenu un garenne. Voici comment un mot change de genre et de sens au fil des siècles...

Couverts de service formés à partir de pattes de chevreuil baguées d'argent, posés sur les livres de cuisine manuscrits de M. Edouard Fourmet.

Gibelotte de garenne au thym des bergères

Coupez en morceaux égaux un beau lapin de garenne de 3 livres que vous aurez vidé.

Taillez en gros lardons 300 g de lard maigre de poitrine. Dans une cocotte, dorez-les au beurre avant d'ajouter les morceaux du garenne. Saupoudrez d'une cuillère de farine que vous colorez dans le gras avant de l'inonder d'un litre de bouillon de légumes. Assaisonnez de sel et de cayenne. Parfumez d'un beau bouquet de serpolet des landes de Montrieux. Couvrez à moitié et oubliez pendant 45 minutes.

Vers la fin de la cuisson, sautez à la poêle 20 petits oignons puis 2 poignées de mousserons. Découvrez la cocotte et échangez le thym de bergère qui aura dispersé tous ses arômes avec cette nouvelle garniture. Laissez-les diffuser chaleur et saveurs pendant 5 minutes avant de servir.

Côtelettes de chevreuil aux poires

Monsieur Edouard

Piécez un coffre de chevreuil en 18 côtelettes. Parez-les habilement de façon à mettre les manches des côtelettes en valeur.

Alignez-les dans une plaque à mariner, et arrosez-les d'un filet d'huile et de quelques gouttes de citron. Émiettez quelques brins de serpolet et assaisonnez de poivre du moulin. Laissez de côté pendant 1 heure.

Épluchez et coupez 6 poires en deux. Dans une casserole, rangez-les en rond avec une feuille de laurier, un clou de girofle et 6 grains de poivre

concassés. Videz par-dessus une bouteille de vin rouge et laissez-les pocher. Une fois cuites, égouttez vos poires, évidez-les comme une barquette et réservez-les au chaud.

Pour confectionner votre sauce, rissolez au beurre les parures du chevreuil avec 6 échalotes émincées. Versez le vin rouge qui aura servi à pocher vos poires. Faites réduire au trois quarts.

Ajoutez un litre de fond de viande et laissez réduire encore pour qu'il ne reste à peu près que 50 cl de sauce. Passez-la au chinois puis au travers d'une étamine.

Terminez en lui ajoutant, hors du feu, 100 g de beurre ramolli et un petit verre de sang de lapin vinaigré (1 cuillerée pour 1 verre). Assaisonnez à point.

Poêlez les côtelettes salées au dernier moment. Sur un plat rond, chevauchez-les en couronne. Nappez de sauce et agrémentez les manches des côtelettes, tournés vers l'intérieur, de papillotes de papier blanc frisé.

Sur un autre plat rond, alternez vos poires creusées garnies de fondante mousseline de céleri et d'une purée de marrons très crémée.

« Avant la Révolution la chasse était un privilège seigneurial. Maintenant, sur les tables, le gibier appose le signe de l'égalité conquise. Mais son attrait ne s'épuise pas dans les plaisirs d'orgueil : il exhale une odeur qui n'appartient pas à d'autres mets : en lui les images de la puissance et de la sauvagerie interfèrent. Au cœur du repas, c'est le plat de choc, admiré et redouté. »

J.-P. ARON,
Le Mangeur du XIXe siècle, 1973.

« Et, tout à coup, dans une enclave cernée de bois, un grand chevreuil dressait sa tête inquiète, démarrait d'un bond fou, le feu à ses quatre sabots. »

M. GENEVOIX, *Raboliot*, 1925.

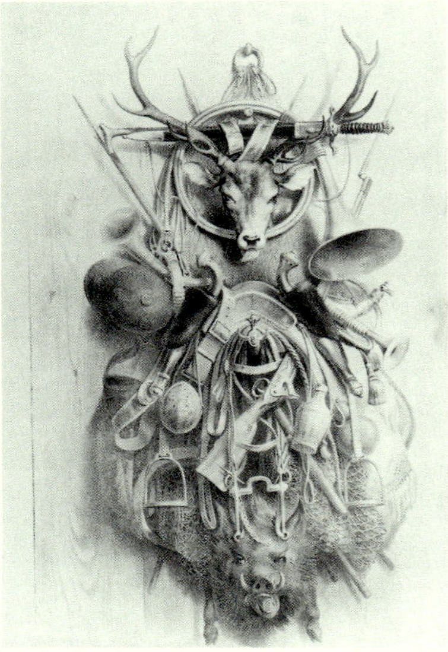

Cuissot de chevreuil

Piquez de lard gras, du côté de la peau, un cuissot de chevreuil de 2 kg environ.

Placez-le dans une plaque et condimentez des aromates fragmentés suivants : 2 branches de thym, 3 feuilles de laurier, 3 brins de sarriette, 2 feuilles de sauge, 3 tiges de persil, 6 grains de poivre concassés, 2 clous de girofle et 6 baies de genièvre. Ajoutez la valeur d'un bol d'une petite garniture taillée, composée de carottes, oignons et céleri.

Graissez parfaitement votre cuissot bien froid avec un demi-litre d'huile. Enveloppez-le complètement de la garniture et conservez au frais 3 à 4 jours en prenant soin de le changer de face quotidiennement et de le recouvrir à chaque fois de sa garniture.

Sortez-le 2 heures avant de le cuire et laissez-le à température ambiante. Débarrassez-le du plus gros de la garniture. Enveloppez votre cuissot, os compris, dans une double feuille de papier de cuisson grassement beurrée. Glissez-le dans un four chauffé à 180° sur une grille à mi-hauteur, dans une plaque de cuisson mouillée d'un peu d'eau pour capter le gras. Laissez-le cuire pendant 45 minutes et tournez-le à intervalles réguliers.

Dégagez-le alors du papier. Salez votre rôti puis prolongez sa cuisson de 5 minutes. Ce mode de cuisson lui conférera saveur et tendreté.

Pour confectionner le jus, rissolez quelques parures de chevreuil dans un peu d'huile parfumée de la marinade. Ajoutez les légumes égouttés. Donnez une belle couleur dorée à l'ensemble. Déglacez avec un verre de vin blanc. Ajoutez un demi-litre de jus de viande et réduisez de moitié sur un feu doux. Assaisonnez selon votre goût et passez.

Emboîtez l'os de votre cuissot de chevreuil dans un joli manche à rôti en argent et accompagnez-le d'une saucière de ce jus de gibier « au naturel ».

Colvert rôti aux pommes d'amour

Bridez 3 jeunes colverts de 1,2 kg chacun. Salez et poivrez. Dorez-les sur une plaque à rôtir dans un four chaud pendant 15 à 20 minutes. Découpez les canards en décollant les poitrines et les cuisses que vous terminez de cuire.

Concassez les carcasses et faites-les caraméliser dans la même plaque avec 2 oignons hachés, 2 branches de céleri émincées et 6 tomates très mûres.

Ajoutez 1 litre de fond de volaille. Laissez réduire de moitié et passez au chinois. Terminez la sauce avec 50 g de beurre, salez et poivrez.

Dans un plat beurré, ordonnez 18 petites tomates de fin d'été que vous aurez fait confire au vinaigre. Réchauffez-les doucement et dressez-les dans un plat de service autour des colverts. Servez la sauce à part.

Pour confire des pommes d'amour

Choisissez des petites tomates à peine mûres. Lavez-les et placez-les dans un bocal. Rassemblez les éléments suivants :

Vinaigre de vin blanc ....1 l
Vin blanc ....0,25 l

« On dîne, on chasse, on pêche, on vit royalement. »
É. ZOLA, *Lettres parisiennes*, 1872.

Tel un Robinson Crusoé moderne, tenue de camouflage d'un chasseur de colverts.

« Les plaisirs cynégétiques, aujourd'hui comme hier, se complètent toujours par ceux de la table. Aussi la chasse, au point de vue mondain, est une heureuse occasion de fêtes gastronomiques pour le succès desquelles cordons-bleus et maîtres queux sont appelés à faire valoir tout leur talent culinaire. »
F. BARTHÉLEMY,
Le Cordon-Bleu, 1905.

« Les cormes mûres, dans le feuillage, rougissaient comme de petites lampes. »
M. GENEVOIX,
Le Roman de Renard, 1958.

Sel fin ....30 g
Sucre ....50 g
Poivre ....10 g
Citron ....1 écorce

Versez ce mélange bouillant sur les tomates et laissez-les confire un minimum de 15 jours avant de vous en servir.

Civet de marcassin aux cormes

Désossez une épaule de marcassin et coupez-la en gros cubes. Immergez-les dans la marinade suivante :

Vin rouge corsé ....3 l
Cognac ....25 cl
Madère ....25 cl
Lardons de poitrine fumée ....250 g
Oignons en quartiers ....200 g
Carottes émincées ....100 g
Céleri ....100 g
Poivre ....15 g
Baies de genièvre 10
Bouquet garni 1

Placez dans votre marinade 20 petites cormes qui commencent à blettir et conservez 48 heures au frais.

Égouttez viande et garniture. Réservez à part les cormes. Faites revenir tous les ingrédients solides de la marinade dans une daubière. Ajoutez ensuite les morceaux de marcassin et dispersez en pluie 2 cuillerées de farine. Remuez puis mouillez du liquide de la marinade bouilli et filtré.

Couvrez votre daubière et laissez mijoter 3 heures au four. En fin de cuisson, retirez le bouquet garni et ajoutez dans la sauce les cormes épluchées qui assureront sa liaison. Servez tel quel.

Perdreaux à la broche aux choux

Dans une onde bouillante, plongez 2 choux verts dont vous aurez retiré la première couronne de feuilles trop fermes. Égouttez-les après 5 minutes de cuisson et effeuillez-les en bon ordre.

Dans un sautoir, faites rissoler 300 g de lard maigre taillés en petits lardons avec 3 carottes taillées en petits cubes d'un demi-centimètre de côté, 3 oignons émincés finement et un petit bouquet garni. Assaisonnez modérément.

Avec l'ensemble des feuilles, reformez 6 petits choux emplis de votre garniture rissolée et commencez votre façonnage par les dernières feuilles décollées.

Tapissez une lèchefrite d'une barde de lard. Serrez-y vos choux arrondis et arrosez d'un demi-litre de fond blanc de volaille. Enfournez pendant

« "Les perdrix", disait Sarcelotte. Et c'étaient des compagnies de rouges qui piétaient par une raie, dans un chaume, la tête droite et presque immobile, les pattes véloces qu'une mécanique semblait mouvoir ; des compagnies de grises qui vous partaient tout à coup sous le nez, vous suffoquaient du fracas caquetant de leur vol. »

M. Genevoix, *Raboliot*, 1925.

« La biche était venue cette nuit. Elle n'allait pas vite sous la lune, ici ou là, en reniflant le vent pour la joie de humer sa fraîcheur, sans crainte sous la lune de minuit. Quand elle avait plongé ses naseaux dans l'étang, des ronds avaient tremblé sans bruit, couru tout doucement vers le large. Et, quand sa tête s'était relevée, des fils d'argent avaient ruisselé de son museau. »

M. GENEVOIX, *Marcheloup*, 1934.

20 minutes dans une température raisonnable et arrosez souvent.

Plumez, flambez et videz 6 perdreaux. Nouez-leur sur le ventre une barde fine de lard gras. Piquez-les de part en part sur une broche et rôtissez-les à feu vif un bon quart d'heure. Ajustez sous eux votre lèchefrite garnie des choux qui recevront les gouttelettes grésillantes de leurs sucs tournoyants.

Estouffade de biche au vin blanc

Désossez 3 kg d'épaule de biche puis détaillez en gros morceaux cubiques. Préparez une marinade avec :

Échalotes émincées ....100 g
Oignons ....200 g
Carottes ....200 g
Gousses d'ail 8
Bouquet très garni 1
(thym, laurier, sauge, serpolet, plumeau de céleri)
Clous de girofle 3
Grains de poivre 15
Macis ....5 g
Baies de genièvre 10

Faites revenir ces légumes et aromates dans 50 g de beurre. Ajoutez 2 litres de vin blanc et 0,5 l de vinaigre de vin blanc. Maintenez une ébullition pendant 3 minutes puis laissez refroidir complètement.

Dans une grande terrine, baignez pendant 24 heures les morceaux de biche dans la marinade.

Avant de commencer la cuisson de l'estouffade, égouttez ces morceaux pendant 30 minutes. Dorez-les au beurre et égouttez-les à nouveau.

Dans le sautoir que vous venez d'utiliser, rissolez la garniture. Replacez les morceaux de viande au milieu. Saupoudrez de 2 cuillerées de farine et torréfiez légèrement au four avant de verser le liquide filtré de la marinade que vous aurez pris soin auparavant de faire bouillir afin d'éviter des grumeaux de sang dans la sauce.

Ajoutez 2 litres de bon bouillon, couvrez et laissez cuire 3 heures dans un four chauffé à 180°.

Égouttez et transportez délicatement les morceaux confits dans une autre casserole. Filtrez audessus votre sauce à travers une passoire. Ajoutez 200 g de girolles crues, 200 g de rosés des prés escalopés et 20 petits oignons grelots roussis au beurre.

Gardez au chaud et donnez un léger bouillon juste avant de dresser sur un plat de service.

Garde-chasse, braconnier et rabatteurs de La Règle du jeu de Renoir.

De vieux traités attestent que les seigneurs Solognots chassaient déjà dans la forêt de Bruadan en 1261 ce « coq royal, éclatant de carmin, d'émeraude et d'or rouillé, chatoyant de fugaces reflets mauves ».

Faisan en cocotte à la crème

Plumez, videz et flambez un beau faisan. Bridez-le à l'aiguille et enveloppez-le dans une fine barde de lard afin qu'il ne se dessèche pas lors de la cuisson.

Assaisonnez-le et colorez-le dans une cocotte en cuivre. Ajoutez 3 oignons émincés finement. Laissez-les blondir. Versez alors un quart de litre de bon consommé et un demi-litre de crème double.

Entourez le faisan de 6 petites pommes reinettes évidées dont vous aurez remplacé le cœur par 3 baies de genièvre.

Malaxez 250 g de farine mouillée de très peu d'eau. Fixez le couvercle en l'entourant d'un turban de cette pâte mollette qui durcira comme une croûte de pain dans le four.

Laissez cuire 20 minutes. Amenez directement la cocotte cuivrée à la salle à manger et posez-la sur une desserte. Brisez le turban et présentez le faisan juteux baignant dans les pommes crémées.

« *On bâtit partout... Le pays tout entier jouit de cette joie et s'enrichit de cette provende. Les jardins livrent leurs légumes et leurs fruits, les basses-cours leurs volailles, les champs leur grain et leur bétail, les vignes leur petit vin clair dont on ne médit pas... Il y a de la bonne humeur dans l'air...* »

H. DENIZET, *La Sologne*, 1900.

Pigeonnier dans le parc.

Salmis de bécasses

Nouez vos bécasses par la tête et laissez-les pendant quelques jours dans un courant d'air frais.

Plumez-les avec soin. Conservez la tête en la coinçant sous un aileron. Assaisonnez de sel et de poivre et rôtissez-les à feu vif pendant quelques minutes pour saisir leurs chairs.

Découpez vos oiseaux en quatre. Retirez les peaux, coupez les jointures aux cuisses et parez les poitrines en retirant les ailerons.

Réservez les beaux morceaux sur une assiette. Arrosez-les d'un trait de cognac et de jus de truffes.

Ouvrez les carcasses et réservez les intérieurs. Suez les os concassés dans une plaque avec les parures (cous, peaux et ailerons). Ajoutez 3 ou 4 échalotes hachées finement. Colorez à peine l'ensemble puis flambez au cognac. Arrosez d'une bouteille de vin blanc moelleux et laissez réduire complètement.

Ajoutez un litre de fumet de gibier et laissez-le réduire des deux tiers. Foulez la sauce dans un chinois et introduisez dans le précieux liquide une liaison concoctée avec les intérieurs de bécasses passés au tamis et 100 g de foie gras. N'utilisez que la moitié à cette liaison et conservez le reste de ce sapide mélange pour masquer quelques croûtons de pain de mie frits.

Dans un plat de service, rangez doucement sur les croûtons vos morceaux réchauffés. Nappez de sauce et parsemez harmonieusement quelques belles lames de truffes fraîches.

Vous pouvez placer sur les bords de votre plat les têtes des bécasses afin que les amateurs puissent les déguster religieusement...

Garnitures et salades

Cèpes farcis

Essuyez sans les laver à l'aide d'un linge humide afin que leur parfum ne s'altère pas une vingtaine de petits cèpes blonds ou bruns.

Préparez un hachis composé de pieds de cèpes sautés au beurre avec 150 g d'échalotes. Salez, poivrez vivement. Ajoutez une gousse d'ail écrasée, 250 g de chair à saucisse, 100 g de mie de pain grillée et 2 cuillerées à potage de persil haché. Mélangez bien pour obtenir une farce homogène.

Garnissez le petit dôme renversé des chapeaux. Rangez vos cèpes dans un plat à rôtir puis enfournez à chaleur vive pendant 10 minutes.

Juste avant de sortir votre plat, sablez les cèpes de mie de pain fine pour qu'elle ait juste le temps de se dorer. Dressez sur un plat rond avec en son centre un épi fourni de persil frais.

Pommes Mont-d'Or

Cuisine bourgeoise

Dans une casserole, cuisez 750 g de grosses pommes de terre hollandaises. Écrasez-les en purée puis desséchez la pulpe en la remuant à la spatule sur un coin du fourneau pendant 2 à 3 minutes.

« Dans la saulaie, la lumière était ravissante, zébrée d'ombres de branches et mouchetée de taches de soleil qui bougeaient sur l'herbe et le sable. Il y avait le long des ornières des ribambelles de champignons, charnus, trapus, croquants aux regards. Dans le fond de leur chapeau, arrondi en une vasque crémeuse, une grosse goutte d'eau merveilleusement limpide scintillait comme un diamant. »

M. GENEVOIX,
Le Jardin dans l'île, 1936.

« Nous connaissions les pourvoyeuses de mâche et de cresson sauvages, de pissenlit, les cueilleuses de cèpes, de girolles et de mousserons, les ramasseuses de feuilles, à l'automne, courbées sous les platanes de la promenade et choisissant, larges et dorées, les plus belles feuilles tombées qu'elles enfilaient en bruissants chapelets pour les vendre – quelques sous, pas beaucoup – aux fromagers. La Baronne, la Belle-Rose, pauvres vieilles ! Elles étaient fières, elles "n'étaient pas à la charité, ah ! mais non !" Et non plus Jarnicot, le pêcheur de grenouilles qui les vendait au quarteron ; ni Fiollat, le "peaulapin-peau"... Petit monde où chacun vivait, s'arrangeait, vaille que vaille ; petit monde modeste et gai, où l'unique suicide que j'aie connu dans mon enfance était celui d'un "riche", secoué par un mécompte boursier. »

M. Genevoix,
Au cadran de mon clocher, 1960.

Incorporez 20 cl de crème fraîche. Assaisonnez de sel marin et de noix de muscade râpée. Ajoutez 3 jaunes d'œufs. Montez en neige les 3 blancs restant et incorporez-les avec délicatesse.

Versez votre purée dans un grand moule à soufflé chemisé de beurre et de farine. Recouvrez de fromage râpé et cuisez.

Servez dès la sortie du four et mangez sans attendre cette purée gonflée à la carapace brunie...

Salade Lorette

Préparez une vinaigrette relevée de raifort râpé. Garnissez le fond de votre saladier des cœurs de bourcette triés et ainsi assaisonnés.

Parsemez d'une égale quantité de céleri-rave et de betterave rouge taillés en minces filets. Saupoudrez de jaunes d'œufs tamisés.

Salade Jockey-Club

Entrouvrez le cœur de 6 laitues. Déposez dans le fond une grosse cuillerée de sauce mayonnaise. Emmêlez par-dessus 6 pointes d'asperges et 20 g de julienne de truffes fraîches.

Salez et arrosez d'huile de noix. Servez un cœur de laitue par personne.

Glaces, pâtisseries et desserts

Spoom aux pousses de cassis

Infusez 300 g de jeunes pousses de cassis avec 500 g de sucre dans 1 litre d'eau bouillante. Attendez le complet refroidissement.

Filtrez au travers d'une étamine et versez le sirop dans votre sorbetière. Faites tourner jusqu'à l'obtention d'une consistance granitée.

Incorporez alors une meringue montée avec 4 blancs d'œufs et 250 g de sucre. Amalgamez bien tout en soulevant votre mélange. Conservez au frais 1 heure au plus.

Présentez votre spoom dans de petites flûtes arrosées d'un trait de sirop de cassis et pointez à son sommet une jolie pousse de cassis.

Le spoom a connu une grande mode en Angleterre avant de conquérir le continent en cette seconde moitié du XIXe siècle. Son nom, contrairement à ce que son orthographe pourrait laisser croire, est d'origine italienne et vient de *spuma*, la mousse.

Pages suivantes : Une guirlande de fleurs de tissu tressée par Victa repose au pied des flûtes garnies de sabayon glacé aux gourmandes strates de fruits confits.

Sabayon glacé aux fruits confits

Coupez en petits cubes de la taille des raisins 150 g de fruits confits également répartis entre oranges, cerises, raisins, melons et angéliques.

Laissez-les macérer pendant 2 heures dans 30 cl de vin blanc moelleux. Égouttez-les après macération.

Dans une casserole à fond épais, travaillez au fouet sur une chaleur douce 10 jaunes avec 250 g de sucre. Quand vous obtenez une mousse épaisse, versez le vin blanc utilisé auparavant. Fouettez toujours mais dans un bain-marie et à une température plus élevée. Votre émulsion doit devenir plus consistante et rester toujours lisse.

Tout en continuant à fouetter, refroidissez votre sabayon en trempant votre casserole dans de l'eau froide. Ajoutez alors 20 cl de crème fouettée et vos fruits confits. Mélangez comme s'il s'agissait d'un soufflé.

Emplissez de jolies flûtes rafraîchies. Dispersez à leur sommet quelques cristaux de glace pilée et perchez sur leur dôme une cerise à l'eau-de-vie.

C'est à l'épouse de François Ier, Claude de France, née à Romorantin en l'an 1499, fille aînée du roi Louis XII et d'Anne de Bretagne, que sont dédiées ces célèbres prunes, jaunes et juteuses.

« Un prunier était là, si chargé de fruits qu'on avait dû étayer chaque branche d'un bâton fourchu. Les reine-claudes blondes étaient plus nombreuses que les feuilles ; à peine les avaient-ils touchées qu'elles tombaient, lourdes, dans leurs paumes. Elles étaient encore chaudes de soleil et leur jus abondant avait la saveur du miel.
– Goûte celle-ci, disait Paul.
– Et celle-ci ! répondait Jeanne, Je suis sûre qu'elle est meilleure.
Tour à tour, ils mordaient en riant à la même prune, dont la tiédeur était comme la tiédeur de leurs lèvres.
Et Jeanne disait, d'une petite voix autoritaire :
– Vous voyez bien, monsieur, que la mienne était meilleure.
Et puis ils s'asseyaient sur la plus haut marche, et sans rien dire contemplaient l'eau dormeuse en écoutant venir le soir. »

M. GENEVOIX, *Jeanne Robelin*, 1920.

Tarte aux reines-claudes

Creusez une fontaine dans 500 g de farine tamisée. Ajoutez dans son centre :

Beurre	200 g
Sel	10 g
Sucre	50 g
Jaunes d'œufs	3
Eau	20 cl

Mélangez tous ces ingrédients en introduisant la farine petit à petit. Arrondissez une boule et laissez reposer votre pâte pendant 1 heure. Étirez-la au rouleau et foncez un cercle.

Pour tapisser le fond de votre tarte, préparez une garniture de 150 g de noix vertes hachées mêlées à 100 g de sucre, 3 jaunes d'œufs et 30 g de farine.

Rangez dessus 500 à 600 g de reines-claudes à peine fendues dont vous avez extrait les noyaux.

Enfournez pendant 30 minutes dans un four chauffé à 160°. Saupoudrez de cassonade à mi-cuisson.

Chatterie

Coupez en quatre sans les éplucher 9 poires d'été, beurrés ou doyennés. Retirez les cœurs.

Dans un plat à gratin, caramélisez vos poires dans 150 g de sucre et 50 g de beurre.

Séparément, dorez au beurre un restant de brioche de 300 g environ, découpé en cubes. Ajoutez ces cubes à vos poires ainsi que 200 g de raisins blonds et 100 g de cerneaux de noix vertes.

Battez 4 œufs avec 100 g de sucre. Ajoutez un litre de lait et versez dans votre plat. Laissez cuire à 170° pendant 30 minutes. Présentez cette chatterie tiède ou froide lors d'un goûter.

Beignets de fleurs d'acacia

Prenez soin de cueillir dès leur floraison au mois de mai ou juin 500 g de grappes de fleurs d'acacia en boutons. Éliminez les impuretés sans laver les grappes et saupoudrez-les de sucre.

Pour prérarer votre pâte à frire, délayez ensemble, à la spatule :

Jaunes d'œufs	3
Beurre fondu	50 g
Lait	30 cl
Sel fin	5 g

Ajoutez 200 g de farine tamisée puis 3 blancs d'œufs montés en neige.

Enveloppez chaque grappe de cette pâte avant de l'immerger dans la friture chaude. N'en plongez pas trop à la fois afin qu'elles puissent bien se retourner et gagnez ainsi une coloration régulière.

Pour les servir, enchevêtrez vos beignets floraux dans une serviette pliée et accompagnez-les impérativement de miel d'acacia.

« Mais bien sûr ! disait d'Aubel, bien sûr que je suis gourmand ! Vous l'êtes aussi, je suppose. Se nourrir, c'est exactement vivre, aurait dit M. de la Palice ; pas seulement accepter la vie, mais consentir au tout de la vie, la désirer quotidiennement, se l'annexer au long du temps, à chaque seconde, à table aussi par conséquent. [...] Ici, c'est au jour le jour : on cueille, on prépare, on savoure. Tout est dans sa fraîcheur originelle, du melon à la laitue, aux poires doyenné du comice qui s'illuminent dans ce compotier. A nous les sucs mûris par le soleil, le miel qu'a parfumé le pistil des fleurs d'acacia ou, confié grain à grain aux tarses des butineuses, le pollen des fleurs de bruyère. »

M. GENEVOIX, *Un jour*, 1976.

Il existe de nombreuses histoires sur la naissance de la fameuse tarte Tatin. Celle de la tarte renversée malencontreusement et servie ainsi au curé, bien que la plus répandue, semble fallacieuse. Une autre hypothèse avance que les deux sœurs tenaient cette recette de leur père qui était boulanger à Romorantin, alors qu'un cahier de recettes d'une famille de Lamotte-Beuvron annonce que les demoiselles la tenaient de la cuisinière du comte de Châteauvillars... Quoi qu'il en soit il semble bien que la tarte renversée soit une coutume culinaire de la région puisqu'on procédait à l'identique avec des pêches de vigne et des poires de jardin. La notoriété de cette préparation tient aussi, outre ses qualités gustatives, au fait que Louis Vaudable, de séjour en Sologne, fut séduit par la fameuse tarte qu'il mit dès son retour à la carte de son célèbre restaurant de la rue Royale, Maxim's...

Tarte renversée des Demoiselles Tatin

En Sologne, chacun tient directement sa recette des sœurs Tatin... Voici celle confiée à Silvine :

Préparez une pâte en mélangeant au cœur d'une fontaine d'une livre de farine 250 g de beurre, 1 œuf, 10 cl d'eau, 25 g de sucre et 10 g de sel. Formez une boule et laissez reposer.

Dans un plat rond à sauter de cuivre épais, dorez beurre et sucre. Rangez en couronne des quartiers de pommes rustiques. Choisissez pour cela des reinettes jaunes veinées de rouge qui ont une bonne tenue et un moelleux acidulé incomparable.

Étirez votre pâte en un cercle de 3 mm d'épaisseur et d'un diamètre supérieur à celui de votre plat. Recouvrez vos pommes de cette abaisse fine.

Cuisez 25 minutes votre tarte dans un four de boulanger chauffé au bois. De la pointe d'un couteau, soulevez légèrement la croûte pour apercevoir les pommes blondes et caramélisées. Lorsqu'elle est bien dorée, coiffez-la d'un plat de service et inversez avec adresse et sûreté. Votre tarte retrouve ainsi une allure plus commune.

Servez chaude cette tarte Tatin douce et suave et sachez qu'une cuillerée de crème fraîche posée dessus aurait été pour Fanny Tatin un véritable sacrilège !

Pain d'épice de Madame de Veilanne

Château de la Tour

Dans une bassine en cuivre, faites bouillir 1 kg de miel. Écartez en fontaine 500 g de farine complète, tamisée. Versez le miel bouillant et tournez-

le à la spatule en essayant d'attraper autour un peu de farine.

Lorsque votre miel aura absorbé toute la ,laissez-le refroidir et attendez. Faites dissoudre 60 g de bicarbonate de soude dans 5 cl de lait.

Pilez en pommade 150 g de cédrat confit à l'aide d'un mortier puis, séparément, pilez finement 150 g d'amandes brutes, réduisez en poudre 10 g de clou de girofle et 15 g de cannelle.

Pétrissez à la main votre pâte refroidie en introduisant le lait puis les différents ingrédients pilés. Malaxez généreusement votre pâton.

Étalez au rouleau 2 pains réguliers de forme rectangulaire d'une largeur de 6 cm. Enveloppez-les dans des papiers bien beurrés. Déposez-les sur une plaque et enfournez-les pendant 50 minutes dans un four chauffé à 150°.

Au sortir du four, découpez le dessus du papier et badigeonnez votre gâteau de lait et de miel. Proposez ce pain d'épice en tranches beurrées, lustrées de gelée d'orange.

« Le long du cordon des assiettes, l'armée des verres, les carafes d'eau et de vins, les petites salières, tout le cristal du service était mince et léger comme de la mousseline, sans une ciselure, et si transparent, qu'il ne jetait aucune ombre. Et le surtout, les grandes pièces semblaient des fontaines de feu ; des éclairs couraient dans le flanc poli des réchauds ; les fourchettes, les cuillers, les couteaux à manches de nacre, faisaient des barres de flammes ; des arcs-en-ciel allumaient les verres ; et, au milieu de cette pluie d'étincelles, dans cette masse incandescente, les carafes de vin tachaient de rouge la nappe chauffée à blanc. »

É. ZOLA, *La Curée*, 1871.

Étouffe-coquin à la confiture

Aglaé

Dans une bassine, clarifiez 5 jaunes d'œufs. Travaillez-les au fouet avec 250 g de sucre. Ajoutez petit à petit 250 g de farine et 3 œufs, un à un, sans cesser de remuer.

Montez en neige les 5 blancs. Incorporez-les à votre mélange en alternance avec 125 g de beurre fondu.

Couvrez une plaque de votre four d'une feuille de papier beurré. Étendez votre composition. Enfournez 12 à 15 minutes dans un four chauffé à 170°.

Quand votre biscuit est cuit, faites glisser la feuille sur une grille. Laissez refroidir.

Recouvrez la surface de votre biscuit de la confiture de votre choix. Commencez à rouler en spirale un côté de votre gâteau sur lui-même tout en décollant le papier au fur et à mesure de la progression.

Portionnez votre roulé en tranches biseautées et poudrez-le de sucre glace. Rangez ensuite votre «étouffe-coquin» sur un plateau de service.

Saint-Honoré

Préparez une pâte brisée avec :

Jaune d'œuf 1
Beurre ....160 g
Sucre ....10 g
Sel ....5 g
Eau ....10 cl

Mélangez doucement ces ingrédients au centre de 300 g de farine creusée en fontaine. Formez une boule et laissez reposer.

Préparez une pâte à choux avec :

Eau ....25 cl
Beurre ....125 g
Sel ....1 pincée

Après ébullition, retirez du feu et remuez vivement à la spatule tout en ajoutant 125 g de farine tamisée puis 4 œufs, un à un.

Sur une plaque, posez un fond de pâte brisée d'un diamètre de 25 cm. Piquez votre pâte et dessinez sur les bords un cordon de pâte à choux à l'aide d'une poche. Couchez une douzaine de choux de la grosseur d'une petite noix sur l'espace de la plaque restant libre. Avant d'enfourner, étalez sur votre fond de pâte brisée un mélange réalisé avec 50 g de sucre, un demi-blanc d'œuf et 50 g d'amandes effilées. Cuisez pendant 20 minutes à 160°.

Piquez le fond de vos choux de la pointe d'un couteau et trempez-les dans un caramel blond. Collez les choux au caramel sur le rebord de votre

Pages suivantes : Les enfants ont brusquement délaissé leurs jouets pour venir goûter sous les ombrages aux délices sucrées du buffet : Saint-Honoré, Magique au rhum, Etouffe-coquin à la confiture...

« Au milieu et aux deux bouts, dans des corbeilles basses, des buissons de fleurs s'épanouissaient, séparés par de hauts compotiers, sur lesquels s'entassaient des "surprises", dont les papiers dorés et peinturlurés luisaient. Puis, c'étaient des gâteaux montés, des pyramides de fruits glacés, des empilements de sandwichs, et, plus bas, toute une symétrie de nombreuses assiettes pleines de sucreries et de pâtisseries ; les babas, les choux à la crème, les brioches alternaient avec les biscuits secs, les croquignoles, les petits fours aux amandes. Des gelées tremblaient dans des vases de cristal. Des crèmes emplissaient des jattes de porcelaine. Et les bouteilles de vin de Champagne, hautes comme la main, faites à la taille des convives, allumaient autour de la table l'éclair de leurs casques d'argent. On eût dit un de ces goûters gigantesques comme les enfants doivent en imaginer en rêve, un goûter servi avec la gravité d'un dîner de grandes personnes, l'évocation féerique de la table des parents, sur laquelle on aurait renversé la corne d'abondance des pâtissiers et des marchands de joujoux. »

E. ZOLA, *Une page d'amour*, 1878.

Page de droite : Rustiques roussettes ennoblies par les talents culinaires de Silvine.

gâteau en les alternant avec une douzaine de fraises que vous aurez glacées de la même façon.

Préparez une crème cuite avec 25 cl de lait chaud, ébouillanté avec 3 jaunes, 100 g de sucre et 20 g de farine bien mélangés. Donnez un gros bouillon tout en fouettant. Laissez refroidir. Parfumez cette crème cuite avec quelques gouttes d'essence de rose avant de lui incorporer 40 cl de crème fouettée.

A l'aide de 2 cuillères, formez des quenelles de crème et disposez-les en rosace à l'intérieur de la croûte en les surélevant légèrement de façon à les arrondir en dôme.

Quel que soit leur nom selon les parties de Sologne, on se régale toujours de ces roussettes, « rondiaux » ou « cailles » pour le Carnaval.

« Cette journée de mars couve des odeurs de liesse. Ce soir on brandelone.
Dans la poêle, la graisse brûlante gicle en roussissant la pâte couleur de paille. Sans retenue, les vieux maîtres se gavent de lard et d'alcool tandis que les jeunes, garçons comme filles, avides de crépuscule, gardent souffle et appétit pour la tournée des brandons.
Et craque le feu... grésille la graisse... chante la pâte [...]. "Venez, les jeunes... on a des rondiaux."
Courant, on répond à l'appel :
"... et nous, de la nielle plein nos carniers."
L'échange se fait dans la salle éclairée par les torches fumantes, pendant que, provoqué par les va-et-vient, le foyer ronfle et fait gros dos. »

C. SEIGNOLLE,
Le Rond des sorciers, 1945.

Roussettes

Maman-Douce

Creusez une fontaine au centre de 1 kg de farine. Cassez 6 œufs.

Délayez 10 g de levure dans 20 cl de lait. Versez sur les œufs et ajoutez 10 g de sel.

D'un geste circulaire, faites pénétrer la farine dans le cercle jusqu'à ce que vous ayez réussi l'amalgame parfait. Enveloppez votre pâte dans un linge et conservez-la dans un endroit tiède pendant 1 heure.

Déballez votre pâte gonflée et étirez-la doucement au rouleau en prenant soin de ne pas trop l'aplatir.

Dans certains villages, on la détaille tout simplement avec le rond d'un verre mais vous pouvez aussi la façonner en couronne. Taillez alors des bandes de 2 cm de large sur 20 cm de long et joignez-les. Avant de les faire frire dans une huile chaude, laissez-les pousser une nouvelle fois.

Laissez-les danser dans la friture et égouttez-les seulement lorsqu'ils seront dorés et croustillants. Couvrez-les abondamment de sucre en poudre.

« Décuire » est un terme culinaire qui s'applique plus spécialement à la cuisson du sucre. On décuit un caramel en ajoutant un peu d'eau pour faire baisser son degré de densité.

Le petit village de Sologne d'Yvoy-le-Marron était entouré jusqu'en 1879 de plus de 600 hectares de vieux châtaigniers plantés à la Renaissance.

« Il fut question de gâteaux compliqués, avec des biscuits à la cuiller, trempés dans du kirsch, de la crème à la vanille, des gourmandises préparées pour les enfants des châteaux... Théotime roulait des yeux émerveillés... »

HUBERT-FILLAY,
Les Contes de l'oribus, 1931.

Très bon gâteau de marrons

Épluchez et dépouillez complètement 1 kg de châtaignes. Pilez vos marrons au mortier avant de les passer au tamis.

Détendez la pulpe recueillie avec 30 cl de crème fraîche bouillie.

Dans une bassine, fouettez en mousse 6 jaunes d'œufs avec 200 g de sucre. Parfumez à la vanille. A l'aide d'une spatule, ajoutez votre pâte de marrons et 6 blancs montés fermement en neige.

Emplissez un moule à gâteau beurré et fariné. Cuisez dans un four moyen, chauffé à 160° pendant 45 minutes. Démoulez votre gâteau avec précaution.

Préparez un caramel blond. Décuisez-le avec 1 ou 2 cuillerées d'eau. Ajoutez une bonne rasade de rhum. Nappez sa surface de ce glaçage parfumé.

Au dernier moment, dressez votre gâteau aux marrons sur un plat de service et ceinturez-le d'un cordon cannelé à la poche de crème fouettée sucrée et rhumée, incrustée de brisures de marron glacé.

Étoile du berger

Mélangez :

Amandes brutes pilées .... 125 g
Sucre en poudre .... 250 g
Farine .... 25 g

Versez en pluie sur 5 blancs d'œufs montés en neige, bien raffermis par une poignée de sucre en poudre.

Beurrez puis farinez votre plaque à pâtisserie. Formez 2 disques de 20 cm de diamètre à la poche. Cuisez dans un four moyen chauffé à 100° pendant 30 minutes.

Préparez une riche crème anglaise en versant 50 cl de lait bouilli sur 8 jaunes mêlés à 100 g de sucre. Reportez le tout dans la casserole. Réchauffez sans faire bouillir et tournez sans discontinuer.

Débarrassez votre crème chaude dans un bol et mélangez-la au fouet avec 100 g de beurre jusqu'à complet refroidissement.

Dans un poêlon en cuivre, caramélisez 200 g de sucre. Enveloppez 100 g d'amandes hachées dans ce caramel. Renversez-les sur votre marbre graissé. Pilez finement votre praliné refroidi avec une cuillerée d'huile d'amandes douces pour le pommader. Ajoutez-le à votre crème anglaise, selon le dosage que vous préférez, avec 100 g de beurre ramolli, tout en continuant de fouetter.

Garnissez généreusement de cette crème pralinée le premier disque et recouvrez du second. Placez en son centre un pochoir en forme d'étoile et saupoudrez de glace de sucre. Conservez au frais 1 heure ou 2 avant de déguster.

Détail du plafond de la salle à manger où un autre médaillon proclame que «le nez est la boussole du gourmet».

Fruits au vin pour l'été

Dénoyautez 2 kg de pêches blanches. Retirez les peaux au couteau. Disposez les oreillons dans une bassine de bonne contenance et versez par-dessus 1 kg de fraises équeutées, encore chaudes de soleil, 1 litre de framboises et autant de mûres.

Coupez 2 melons gorgés de sucre en fins quartiers. Ajoutez leur pulpe orangée au reste des fruits.

Arrosez de 3 bouteilles de cabernet rouge et fruité. Complétez d'un verre de liqueur de cassis. Aromatisez de 2 clous de girofle, 6 grains de poivre et d'un petit bâton de cannelle de Ceylan.

Saupoudrez d'une livre de sucre. Rafraîchissez votre bassine sur un fond de glace. Méfiez-vous de ne pas trop abuser de ce sirop enivrant et fruité...

« Elle se baissa, saisit sous la banquette un grand panier, un autre, et les posa près d'elle. Le premier débordait de grosses poires pareilles à des mottes de beurre frais, de pêches duvetées, de brugnons joufflus. Elle regarda les fruits et sourit de les voir splendides. »

M. Genevoix, *Jeanne Robelin*, 1920.

La tapinette, également appelée dans l'Orléanais « tarte au caillé », est un flan pauvre, d'origine rustique, qui a surtout cours dans la Sologne du Loiret.

Enfants déguisés pour la « fête étrange » du Grand Meaulnes ou pour le goûter estival du domaine de la Chesnaye ?

Tapinettes

Pesez 300 g de farine. Façonnez-la sur votre marbre de pâtisserie en une couronne. En son centre, déposez 3 œufs entiers, 125 g de sucre, 150 g de beurre ramolli et 1 pincée de sel. Travaillez l'ensemble en introduisant la farine petit à petit. Ramassez votre pâte en boule et laissez-la reposer.

Foncez 12 moules à tartelettes individuels. Laissez-les reposer 30 minutes. Piquez les fonds avant de les introduire dans un four chauffé à 170° pendant 12 minutes.

Écrasez 2 fromages de chèvre frais en crème bien lisse. Sucrez avec 3 cuillerées de miel et ajoutez délicatement à la spatule 25 cl de crème fraîche fouettée.

Garnissez à la poche vos fonds de tartelettes refroidis de petits dômes arrondis de cette crème de fromage blanc. Saupoudrez de sucre semoule et caramélisez leur sommet au fer chaud.

Accompagnez d'une compote de rhubarbe ainsi faite.

Choisissez 1 kg de belles tiges fraîches. Éliminez tous les filaments et coupez-les en tronçons de 4 cm.

Préparez un sirop avec 1 litre d'eau et 1,2 kg de sucre. Plongez votre rhubarbe. Pressez une orange. Ajoutez le jus et portez à ébullition. Après le premier bouillon, retirez aussitôt votre casserole et contrôlez la cuisson de votre rhubarbe compotée. Dressez à mesure dans un bol d'argent les tronçons qui sont à point.

Magique au rhum

Fouettez dans une bassine de cuivre 10 blancs en neige. Quand ils sont bien fermes, saupoudrez progressivement 750 g de sucre glace pour réaliser une meringue dite «suisse». Parfumez et colorez de quelques gouttes d'essence de café.

Sur une plaque farinée, couchez un disque de

meringue d'un diamètre de 12 cm. Sur le reste de la plaque, alignez autant de meringues que vous pourrez, si possible 50 ou 60, toutes de la grosseur d'une noix. Enfournez cette plaque dans une étuve montée à 50° pendant 4 heures. Votre meringue doit être bien sèche.

Préparez un sucre cuit qui servira à coller les petites meringues entre elles.

Sur votre base ronde, collez une première rangée de meringues en couronne, leur fond plat vers l'intérieur du cercle. Continuez un second étage en collant les meringues dans les intervalles laissés libres entre les meringues de l'étage inférieur. Répétez cette même disposition jusqu'à épuisement des meringues. Vous obtiendrez ainsi un cylindre clouté de petits choux blancs.

Fouettez alors 40 cl de crème fraîche parfumée avec un café froid très serré et du rhum. Emplissez votre croûte de meringue de cette crème aromatisée en introduisant régulièrement, sur différents niveaux, des raisins de Malaga imbibés de rhum et des cerneaux de noix hachés.

Décorez le sommet de votre magique au rhum en dessinant à la douille cannelée de jolies enluminures crémeuses.

On appelle en Sologne les noisettes des « noisilles » ou « nousilles» et « noisillettes » des avelines.

Croquets aux noisettes

Mélangez ensemble 250 g de sucre et autant de noisettes brutes grossièrement hachées.

Assemblez 4 œufs à 10 g de bicarbonate de soude et 500 g de farine. Votre pâte doit rester très ferme. Étirez-la en appuyant fortement sur votre rouleau afin d'obtenir une abaisse de 1 cm d'épaisseur. Dorez sa surface à l'œuf battu à deux reprises.

Incrustez dans votre pâte un quadrillage réalisé grâce à la denture d'une fourchette.

Enfournez pendant 20 minutes dans un four chauffé à 180°.

Dès la sortie du four, découpez vos croquets en biseaux longs de 5 cm sur 2 cm de large. Ils sont d'une conservation parfaite.

« – Qu'est-ce que c'est, papa, l'arbre rose ?
– Vous ne devinez pas, mes enfants ?
Ils regardaient l'arbre lointain, glorieux, étincelant sous sa charge sucrée. Alors le nez de Paulot frémissait, son nez sensible, fendu comme celui d'un chien :
– Ne le dites pas : c'est un pralinier...
[...]
Quand l'arbre flambait dans une apothéose, il annonçait aux trois ensorcelés :
– Demain, nous allons au château, voir Jarniquet... Peut-être qu'il nous permettra de cueillir quelques pralines. [...]
Complice, Jarniquet savait. Il était prêt, il entrait aussitôt dans le jeu, jouait son rôle avec un naturel sans faille.
– Mes pauv's enfants ! Ah ! Ça n'est pas de chance ! Ah ! Quel dommage ! Ah ! Quel malheur !... [...] De c'matin ! De c'matin tout juste !... Mademoiselle a tout fait cueillir ! Rasibus. Y a plus seulement une pralinette sur sa branche.
Les sanglots n'étaient pas loin. Mais ils n'éclataient pas, Dieu merci. Car...
– Écoutez voir ! enchaînait, juste à temps, Jarniquet.
Et il allait au tiroir d'un bahut, plongeait sa main, tendait sa paume : roses, rebondies, vernissées... Quelles magnifiques, quelles succulentes pralines ! Oserait-on les sucer ?
– Allons, gamins, lichez-moi ça... Mais surtout, c'est promis ? Motus ! Si jamais Mademoiselle apprenait... »

M. GENEVOIX,
Au cadran de mon clocher, 1960.

Gâteau aux pralines

Cassez 10 œufs dans une bassine. Fouettez-les au-dessus d'une chaleur douce avec 250 g de sucre. Quand ce mélange s'épaissit, ajoutez 250 g de farine tamisée puis versez en mince filet 250 g de beurre fondu.

Emplissez de cette pâte votre moule à génoise beurré et fariné. Enfournez pendant 30 minutes dans un four modéré, chauffé à 170°. Démoulez votre génoise sur une grille couverte d'un linge qui absorbera son humidité. Patientez plusieurs heures avant de la découper. Ce temps de repos vous facilitera sa manipulation.

Pesez un sirop de 25 cl d'eau aromatisé de fleur d'oranger et de 250 g de sucre. Faites ramollir à l'extrême 300 g de beurre pour qu'il ait l'apparence d'une crème. Ajoutez 200 g de glace de sucre, 100 g de praline pilée et 15 cl de ce sirop en fouettant régulièrement jusqu'à l'obtention d'une crème consistante.

Tranchez en deux votre génoise et imbibez-la avec le reste du sirop. Étalez votre crème sur la première moitié. Répartissez quelques pralines concassées grossièrement. Recouvrez de la seconde moitié. Masquez entièrement de crème votre gâteau et appliquez sur les côtés une poudre de praline.

Décorez le sommet du gâteau de rosaces en crème, chacune piquée d'une praline entière. Conservez une heure au frais avant de le présenter. Choisissez de préférence pour réaliser ce gâteau les excellentes pralines brunes de Montargis.

Charlotte aux pommes

Épluchez 9 pommes reinettes. Évidez-les et coupez-les en quartiers réguliers d'un centimètre d'épaisseur. Faites-les sauter au beurre et au sucre. Lorsqu'elles sont ramollies et bien dorées, débarrassez-les et arrosez-les d'un jus d'orange. Réservez à part.

Tandis que les plus grands jouent à cache-cache, une nounou au sourire candide veille sur les plus petits.

« Quel bien-être ! Une odeur d'églantier passait, si tiède qu'elle évoquait l'haleine du four où cuisaient les pommes, derrière la maison du vilain. »

M. GENEVOIX,
Le Roman de Renard, 1958.

Attrapez votre moule à charlotte et voyez comment peuvent s'ajuster dans le fond 6 triangles de pain de mie dont l'épaisseur ne doit pas dépasser 1 cm. Découpez aussi 16 tranches de 4 cm de large et de la hauteur de votre moule qui vous serviront à tapisser en hauteur ses parois.

Faites fondre 200 g de beurre et imbibez toutes vos pièces de pain de mie avant de les mettre en place. Débutez par les 6 triangles qui deviendront le sommet de votre charlotte. Habillez ensuite les parois en chevauchant les rectangles.

Étendez une première couche de pommes. Couvrez-la de crème anglaise. Ajoutez une nouvelle couche de pommes et ainsi de suite. Lorsque vous aurez rempli votre moule, façonnez un couvercle dans le pain de mie et imbibez-le également de beurre fondu.

Enfournez votre charlotte dans un four moyen, chauffé à 150°. Surveillez sa cuisson et retirez-la lorsque sa croûte sera très dorée.

Démoulez-la avec moult précautions. Lustrez-la au pinceau avec une marmelade d'oranges.

Accompagnez cet entremets d'une saucière de crème anglaise et d'une marmelade d'orange.

Gâteau charmeur

Dans une jatte, faites mousser 6 jaunes d'œufs avec 70 g de sucre. Déposez dessus 60 g de farine brunie par 40 g de poudre de cacao.

Montez vigoureusement 6 blancs d'œufs en neige ferme. Ajoutez-leur 80 g de sucre pour leur donner un aspect meringué.

Mélangez délicatement à l'aide d'une spatule et emplissez, sans tasser, un moule rond, beurré et fariné. Laissez cuire et gonfler votre gâteau pendant 20 minutes dans un four chauffé à 180°. Retournez-le sur une grille et lorsqu'il sera refroidi, fendez-le en 3 épaisseurs.

Pour préparer votre crème au chocolat, fouettez 4 jaunes d'œufs au bain-marie pour les rendre bien blancs. Versez en filet 200 g de sucre cuit au petit boulet (110°) sans vous arrêter de fouetter.

Ajoutez petit à petit 150 g de beurre ramolli et 150 g de cacao déjà mélangés ensemble.

Préparez un sirop de 25 cl d'eau et de 250 g de sucre. Parfumez-le de 3 cuillerées d'eau-de-vie de cerise. Imbibez au pinceau chaque étage de votre gâteau.

Garnissez le premier d'une épaisse couche de crème au chocolat. Parsemez quelques cerises à l'eau-de-vie égouttées, fendues en deux et dénoyautées. Couvrez-les de crème. Posez votre deuxième étage et renouvelez cette même opération.

Après avoir ajusté le couvercle en biscuit, masquez entièrement votre gâteau de crème onctueuse. Décorez de quelques motifs réalisés avec une poche à douille cannelée.

Afin de préserver tout le plaisir de la surprise aux gourmands, il est inutile d'orner ce gâteau de cerises. Laissez simplement son charme agir...

Cake de la tante Andrée

Travaillez au fouet 300 g de beurre bien mou. Quand vous l'aurez rendu bien crémeux, ajoutez alors 250 g de sucre et 4 jaunes d'œufs.

Montez en neige les 4 blancs et introduisez-les délicatement à votre mélange avec simultanément 300 g de farine et 20 g de levure anglaise.

Au dernier moment, complétez avec 200 g de raisins de Malaga triés, gonflés de cognac, 250 g d'orange et de citron confits, hachés en petits dés et partagés équitablement.

Beurrez grassement votre moule à cake. Tapissez fond et paroi d'un papier parcheminé et versez votre appareil.

Réservez à votre cake une longue cuisson de 1 h 15 dans un four chauffé à 160°.

A la sortie de votre four, imbibez-le au pinceau d'un sirop parfumé au cognac.

Un petit Lord Fontleroy solognot.

Brioche aux fraises en cassolettes d'argent

Voici comment procéder pour réaliser votre brioche :

Dans un bol, mouillez d'un peu d'eau 150 g de farine et 20 g de levure de boulanger pour faire une boule de pâte mollette. Couvrez-la d'un linge humide et conservez-la dans un endroit tiède. Votre levain va doubler de volume.

Ensuite, pétrissez séparément dans une bassine :

Farine	600 g
Sucre	20 g
Sel	10 g
Lait	10 cl
Œufs	6

Amalgamez ce mélange à votre levain gonflé et continuez le travail de la pâte avec 400 g de beurre mou introduit en petites parcelles. Ramassez votre pâte en boule. Couvrez-la d'un linge et abandonnez-la pendant 2 heures dans un endroit tempéré.

Pour lui redonner de la force pour une deuxième pousse, pincez-la, tirez-la tout en la maintenant en boule. Couvrez de nouveau. Vingt minutes après, décollez-la délicatement en évitant les plis inutiles.

Garnissez-en un grand moule rectangulaire ou partagez-la pour remplir 2 moules moyens. Dorez votre brioche à l'œuf battu. Laissez-la doubler de volume avant de l'enfourner pendant 35 minutes dans un four chauffé à 180°.

Coupez des tranches épaisses de 2 cm dans votre brioche rassie d'un jour. Détaillez à l'emporte-pièce des ronds de mie à la dimension du fond de vos petites cassolettes en argent. Badigeonnez-les de beurre fondu et faites-les griller.

Sucrez le fond de vos cassolettes. Posez vos croûtons de brioche et couvrez-les d'une purée de fraises écrasées puis de fraises entières rangées serrées et pointées vers le haut.

Battez en mousse 4 jaunes d'œufs avec 150 g de sucre. Versez sur 4 blancs montés en neige. Transvasez ce mélange dans une poche et couvrez le dessus de vos fraises d'un joli chapeau décoré. Dispersez quelques amandes effilées.

Avant de servir, saupoudrez vos cassolettes de sucre glace et passez-les quelques instants au four afin de perler le sucre de leur décor. Dégustez aussitôt.

Petits fours pour le thé

Tartelettes pommes d'api

Tournez à la cuillère de petites boules de pommes. Trempez-les dans un caramel rougi de carmin. Placez-les ensuite sur des fonds de tartelettes garnis après cuisson de crème Chantilly.

Cette belle demeure dont la terrasse est une invitation à prendre le thé arbore une harmonieuse façade en briques au motif losangé d'usage fréquent dans notre région depuis la fin du XVe siècle.

Page de droite : Les petits-fours servis pour le thé dans l'atelier-jardin d'hiver de Mme Hermance. De gauche à droite dans la rangée du haut sont disposés les tartines de Thérèse, les bâtons de maréchaux et les nonettines au citron puis, tout en bas, les blanches croquignoles et les amusantes turlupettes en nougat.

Turlupettes en nougat

Petits cornets de nougatine garnis de crème pralinée et saupoudrés de sucre de pistache.

Nonnettines au citron

Mélangez 250 g de farine à 100 g de miel fondu parfumé d'un zeste de citron. Ajoutez ensemble 1 œuf, 1 jaune et 100 g de beurre fondu. Faites cuire en caissettes. Ouvrez vos nonnettines après cuisson et fourrez-les de gelée de citron.

Croquignoles

Meringues moulées à la cuillère dans lesquelles entre une forte proportion de noisettes hachées, grillées, et de fruits confits hachés en petits cubes. Séchez-les bien à l'étuve.

Cigarettes tsarines

Montez en neige 4 blancs d'œufs raffermis avec 200 g de sucre. Ajoutez 80 g de farine et 80 g de beurre fondu. Allongez sur plaque et roulez au sortir du four. Fourrez l'intérieur de gelée d'airelles et fermez les extrémités de crème au beurre. Trempez chaque côté dans du chocolat fondu.

Bâtons de maréchaux

Ajoutez 100 g de sucre à 200 g de pâte d'amande puis malaxez avec 50 g de farine. Battez en neige 5 blancs d'œufs avec 100 g de sucre. Mélangez l'ensemble. Alignez à la poche et couvrez d'amandes et de noisettes hachées avant d'enfourner.

Les tartines de Thérèse

Mélangez 100 g de sucre, 150 g de nougatine broyée et 1 œuf. Travaillez 5 jaunes, 300 g de sucre, 3 blancs montés en neige et 50 g de cacao. Versez dans des moules cylindriques. Détaillez en tranches après cuisson et masquez de crème au chocolat. Centrez une noisette trempée dans du caramel.

MARCHE
en augmentant

Se mirant dans l'eau fluide de l'étang, le «pavillon des canards» d'une gentilhommière du XVIe siècle.

« Les melons gardaient dans leur pulpe la tiédeur du jardin au soleil. »
M. GENEVOIX,
La Loire, Agnès et les garçons, 1962.

Pâte de coings

Pelez et évidez 2 kg de coings bien jaunis. Taillés vos fruits en fins quartiers. Ensachez peau et pépins dans une étamine.

Faites bouillir 1/2 l d'eau avec 1,5 kg de sucre. Plongez vos quartiers de coings et votre sachet. Laissez frémir régulièrement jusqu'à ce que vos fruits soient bien attendris par la cuisson et se teintent de rose. Égouttez et laissez refroidir.

Passez leur pulpe au travers d'un tamis et réduisez votre sirop débarrassé de son nouet jusqu'à ce qu'il se fige quand vous le faites couler sur une assiette.

Ajoutez alors votre purée de coings. Redonnez un bouillon et coulez votre pâte de coings dans une plaque huilée aux bords légèrement relevés.

Oubliez pendant quelques heures. Démoulez-la quand elle est bien froide et couvrez de sucre le dessus et le dessous. Découpez cette pâte de fruits translucide en petits carrés de 2 cm de côté. Cachez-les dans une boîte en fer à l'abri des gourmands...

Confiture de melon

Si vous avez raté la foire de Maray, célèbre en Sologne depuis le Moyen Age pour ses melons, choisissez dans votre potager 2 beaux melons sains et lourds à la main.

Découpez-les en quartiers. Épépinez et retirez leur écorce. Arrangez-les dans un plat évasé et saturez-les de sucre. Abandonnez-les pendant toute une nuit au frais.

Taties-gâteaux à leur fenêtre.

Le lendemain, versez le jus de melon dans une bassine. Ajoutez 2 kg de sucre, portez à ébullition. Retirez votre bassine du feu et jetez dedans vos melons coupés en petits cubes. Laissez refroidir complètement.

Égouttez le melon et réduisez le sirop jusqu'à ce qu'il nappe le dos d'une cuillère. Hors du feu, versez vos melons dans ce sucre épaissi. Patientez 1 heure ou 2.

Égouttez vos cubes orangés devenus translucides. Réduisez la cuisson sur un feu doux jusqu'au moment où des gouttelettes projetées sur une assiette se figent.

Terminez votre confiture en ajoutant les petits dés de melon. Après complet refroidissement, transvasez dans de jolies verrines.

Gelée de mûres

Dans une haie de ronces bien exposée, cueillez avec un ou deux aides 2 kg de mûres sauvages. Au retour, triez-les.

Dans une bassine en cuivre arrosez d'un peu d'eau 1,2 kg de sucre en morceaux. Contrôlez la cuisson en trempant dans le sucre puis dans l'eau froide : il doit napper comme une glu.

Jetez alors 1,5 kg de mûres dans votre sucre cuit. Laissez bouillonner doucement pendant 5 minutes tout en écumant. Quand votre confiture est tiède, passez-la au chinois. Reversez à nouveau le sirop dans la bassine pour continuer la cuisson. Contrôlez le degré de cuisson comme précédemment.

Ajoutez le reste des mûres. Cuisez quelques minutes pour faire éclater les fruits. Votre gelée sera prête lorsque vous tenterez d'égoutter le sirop et qu'il se figera.

Répartissez votre gelée refroidie dans de petits pots de verre bien fermés et conservez dans un endroit frais.

Confiture d'épines-vinettes

Pesez 2 kg de sucre. Faites-le fondre avec un peu d'eau dans une bassine à confiture. Ajoutez 1 jus de citron et cuisez votre sucre jusqu'à ce qu'il se casse lorsque vous le trempez dans l'eau froide.

Plongez alors vos épines-vinettes triées et épépinées ainsi qu'1/2 l de jus de groseilles. Redonnez un bouillon avant de laisser refroidir complètement.

Si vous le jugez nécessaire, vous pouvez recuire votre confiture une nouvelle fois. Quand le liquide chaud conglutine sur une assiette froide, emplissez vos pots de verre de cette confiture fine, parfumée et rare.

Cette gelée douce-amère de belle couleur est souvent utilisée comme condiment avec les viandes froides.

Gelée de fleurs de pissenlit

Maman-Douce

Coupez 1 citron en rondelles très fines puis chaque tranche en quatre. Faites-les macérer une heure dans 1/2 l d'eau avec 750 g de jeunes fleurs de pissenlits printanières, triées et équeutées.

Plongez fleurs et citron égouttés dans un sirop préparé avec 1/2 l d'eau et 500 g de sucre. Écumez régulièrement puis laissez confire votre gelée sur une chaleur douce. Votre sirop doit napper une cuillère en refroidissant.

Transvasez dans de jolis pots en verre où ces boutons de fleurs, éternisés par le sucre, ensoleilleront vos placards à confitures.

Dans la rue principale du village, le clocher de l'église où officie M. le Curé dessine sa flèche aiguë.

Sirop supérieur aux quatre fruits rouges

Mêlez 1 kg de chaque variété des fruits suivants : fraises, framboises, cassis et groseilles, triés, équeutés, égrappés et nettoyés.

Dans une bassine, couvrez vos fruits de 4 kg de sucre. Gardez au frais toute une nuit.

Le lendemain, portez à ébullition l'eau rejetée par les fruits. Jetez à leur tour dans cette onde vos fruits rouges afin qu'ils éclatent. Redonnez un nouveau bouillon. Écumez soigneusement puis filtrez au travers d'une double étamine.

Procédez aussitôt à la mise en bouteilles. Rebouchez et cachetez à la cire. Conservez dans un lieu froid et sec.

L'apéritif du curé

Silvine tenait d'Aglaé la composition de ce vin apéritif dont la vieille cuisinière veillait toujours à avoir plusieurs bouteilles en prévision des visites de M. le curé.

Vin blanc sec ....2 l
Hydromel ....1/2 l
Clous de girofle 12
Noix de muscade râpée 1/2
Une orange ....zeste + jus

Aglaé laissait infuser tous ses ingrédients mêlés dans un endroit frais et abrité de la lumière pendant 2 semaines avant de filtrer.

Il est conseillé de consommer ce liquide doré dans les mois suivants.

Cerises à l'eau-de-vie

Triez 2 kg de cerises anglaises. Diminuez les queues et trempez vos cerises dans de l'eau fraîche pendant 1 heure pour les raffermir.

Pesez le sirop suivant :

Alcool à 80° ....1 l
Eau ....1,5 l
Sucre ....500 g
Gousse de vanille 1
Écorce de citron 1

Dissolvez à chaud tous ces éléments sans les faire bouillir. Laissez refroidir complètement.

Versez cette liqueur dans quatre bocaux d'1,5 l et partagez également vos cerises.

Fermez hermétiquement et conservez dans un endroit frais et obscur pendant 2 mois avant de consommer.

« L'air chaud sentait l'érable et aussi l'amande amère, à cause des sureaux qui poussaient dans l'ombre des vieilles pierres. »
M. GENEVOIX, *Jeanne Robelin*, 1920.

Mousseux aux fleurs de sureau

Rassemblez les ingrédients suivants :

Eau ....10 l
Vin blanc ....1 l
Sucre ....500 g
Fleurs de sureau ....250 g
Jus de citron 4

Laissez macérer pendant 3 jours avant de filtrer au travers d'une étamine.

Emplissez vos bouteilles au trois quarts, bouchez et ligaturez vos lièges afin qu'ils résistent à la pression de cette boisson fermentée.

Dégustez 6 jours après ce breuvage parfumé par les «ombelles crémeuses d'un sureau» à l'odeur «douce et forte»...

A la naissance de l'aube, jeux de reflets et de matières dans les douves de ce manoir rose où Ronsard aimait à chanter la gloire de la sensualité et de l'instant.

Genévrette

Dans un pot en grès à robinet d'une contenance de 15 litres, placez ensemble :

Eau	10 l
Eau-de-vie	1 l
Jus de citron	1
Sucre	300 g
Baies de genièvre fraîches	300 g

Laissez fermenter. Au bout de 2 mois, consommez au fur et à mesure cette boisson fraîche et tonique.

Doux appât pour les poissons

Papa

Pour intéresser à vos hameçons gardons, carpes et tanches, préparez ce doux appât.

Trempez 1 litre de chènevis dans de l'eau froide pendant 24 heures. Cuisez-le ensuite dans de l'eau bouillante pour le faire éclater et provoquer sa germination. Égouttez et rincez à l'eau froide.

Accrochez à votre ligne ces grains de chènevis qui hypnotiseront les gros gardons de fond.

Si vous souhaitez axer davantage votre pêche sur la prise de carpes et de tanches, préparez 1 kg d'amorce et jetez-le dans l'eau 48 heures avant votre coup de ligne. Mélangez :

Chènevis broyé	30 %
Chapelure blonde	20 %
Chapelure rousse (croûte de pain)	10 %
Farine de maïs	10 %
Semoule de maïs	10 %
Huile d'arachide	10 %
Gangues de maïs	10 %

Le chènevis est une plante de la famille des cannabinacées qu'il ne faut pas confondre avec le chanvre indien et le chanvre de Manille. Pour la pêche, on utilise de préférence la grosse graine du chènevis appelé « monstre du Chili ». Trois jours sont nécessaires pour accoutumer le gardon à cet appât mais la patience des pêcheurs sera particulièrement récompensée de mai à septembre.

« Je suis resté l'enfant qui s'émerveillait autrefois et sans se lasser jamais de voir un tonnelier rogner à l'asse les douelles d'un fût, un valet de chiens et son limier faire le pied au pourtour d'une enceinte forestière, et pour qui l'image d'un pêcheur qui lève ses nasses à la tombée du jour évoquera, aussitôt et toujours, [...] le nuagelet trouble du chènevis qui s'effrite et, vagues silhouettes enfantées par l'eau, poissons fantômes, ronde silencieuse déjà captive, l'étincellement soudain d'une écaille, la fleur pourpre d'une nageoire qui bouge. »

M. Genevoix,
Trente Mille Jours, 1978.

Notes

1. *Areuiller* ou *s'areuiller* : littéralement, ouvrir de grands yeux ; d'où être gai, gaillard, bien éveillé. Par extension, qui se redresse fièrement, regarde fixement.
2. *Gaillet*, dit «caille-lait blanc» : *Gallium Mollugo L.*
3. *Berdinner* : faire «berdin, berdin». Tinter, sonner.
4. *Goûter* : c'est ainsi qu'on appelait le déjeuner.
5. *Guernazelles* : nom des grenouilles en Sologne.
6. *Capie* : équivalent solognot de tapie.
7. En général, on mangeait le gibier braconné sur ses terres et on vendait le gibier braconné sur les terres d'autrui.
8. *Repas à la mode* : repas où rien ne manque, copieux.
9. *Jarrouille* : jarret de porc qui se mange froid.
10. *Tournée* : tour, entourloupette.
11. *Merle bleu* : gendarme.
12. *La-Loi* : garde-chasse.
13. Tomber *comme à gravelotte* : en abondance.
14. *Alouetté* : vif comme une alouette.
15. *Saffrette* : de l'ancien français, gente, agréable à voir, appétissante.
16. *Nez-de-chat* : surnom des «couamelles» ou coulemelles (*Lepiota procera*).
17. *Callune* : plante souvent confondue avec la bruyère vulgaire car elle est de la même famille d'éricacées.
18. *Elève* : c'est ainsi qu'on nomme les animaux qui ne donnent pas encore de lait. Dès qu'ils sont de rapport, on les vend et on fait engrosser à nouveau la vache.
19. *Plante qu'on soude* : beau moyen mnémotechnique pour se rappeler des qualités et du nom de la consoude.
20. *Gratton* : bardane.
21. *Thym des bergères* : serpolet.
22. *Se mettre auss'let de la brise et de l'iau* : se mettre à l'abri du vent et de la pluie.
23. *Sinelles*, appelées aussi «senelles» : baies sauvages astringentes.
24. *Reiné-gris* : reinette grise.
25. *Mésienne* : sieste.
26. *Aveniau* : longue épuisette.
27. *Chatouilles* : petites lamproies utilisées souvent comme appâts.
28. *Corbillot* : corbeille ovale à deux anses.
29. Dans certains domaines des équipes de gardes-chasse assuraient des rondes vingt-quatre heures sur vingt-quatre.
30. Le domaine fabrique également son électricité et vit en parfaite autarcie.
31. On sortait l'été les caisses blanches garnies d'orangers sur la terrasse du château.
32. Le verger contenait 250 arbres fruitiers qui fournissaient des fruits pour toute l'année. On y faisait également du cidre.
33. Un vigneron venu du Val dont les vignes avaient subi les dégâts du phylloxéra fut engagé pour faire un vin rouge qui avait les honneurs de la table du château.
34. Au moment de leur floraison, Mme Hermance décorait entièrement le château de cattleyas et choisissait une couleur différente pour chaque semaine.
35. Silvine apprit plus tard que dans d'autres châteaux, on vendait parfois ce jus de rôti.
36. *Cordon-bleu* : appellation issue, non sans quelque ironie, de la comparaison entre la couleur bleue des cordons du tablier des cuisinières avec le très honorifique cordon bleu de l'ordre du Saint-Esprit créé par Henri III en 1578, qui récompensait des personnages de haute qualité.
37. Eugène Labiche, propriétaire à Souvigny-en-Sologne, disait volontiers, paraît-il, lors de dîners intimes, qu'il était plus fier de son titre de membre du Comité central agricole de la Sologne où il militait ardemment pour la mise en valeur des terres que de son habit vert d'académicien...
38. Au siècle suivant, Paul Claudel, dans le même lieu, écrira ses *Conversations en Loir-et-Cher*.
39. Quel que fût son rang social, la personne invitée lors d'un repas «sans façon», ecclésiastique, régisseur, métayer, garde-chasse ou chauffeur, était placée à droite de la maîtresse de maison et servie en premier. Cette coutume ancestrale d'hospitalité était encore en vigueur dans certaines demeures de Sologne il y a quelques années.
40. *Embougonner* : jeter un sort en regardant fixement.
41. *Empicasser* : jeter un sort à distance.
42. *Meneux de loup* : le sorcier, celui qui a pu apprivoiser les loups.
43. Les femmes ne chasseront à tir en Sologne qu'au début des années vingt et ces «garçonnes» seront dénommées les «amazones»...
44. *Débotté* : salle où les chasseurs enlèvent leurs bottes et déposent leur fusil. Espace, à cette époque, différent de la salle de chasse, où sont exposés armes et trophées.
45. *Bouton* : Membre de l'équipage de chasse à courre.
46. Une meute de grand rallye se compose en moyenne de quatre limiers, de quatre chiens d'attaque et de soixante-dix chiens de meute.
47. *Volcelest* : empreinte de pied des animaux à ramures.
48. *Brisées* : rameaux cassés par le valet de limier pour indiquer la voie empruntée par le gibier.
49. *Débuché* : se dit d'un animal qui sort du bois pour gagner la plaine.
50. *Change* : bête substituée à l'animal que l'on chasse.
51. *Forlonger* : se dit d'une bête qui a pris beaucoup d'avance sur les chiens.
52. *Honneurs* : pied droit de devant de l'animal coupé par le premier piqueux et offert à la personne que l'on veut honorer, désignée par le maître d'équipage.
53. Le livre des menus sert également souvent de livre d'or car une place est réservée aux invités pour qu'ils puissent signer en face de leur nom.

Bibliographie

ALAIN-FOURNIER, *Le Grand Meaulnes*, Nouvelle Revue française, juillet 1913. Livre de Poche, 1983.

AUCANTE (Pierre et Marieke), *Le Livre du braconnier*, Paris, Albin Michel, 1990.

AUDOUX (Marguerite), *Marie-Claire*, Fasquelle, 1910. Prix Femina 1910. Rééd. « Les Cahiers rouges », Grasset, 1987.

DENIZET (H.) *La Sologne*, Orléans, Herluison, 1900. Rééd. Marseille, Laffitte Reprints, 1981.

DEVAILLY (Guy), *L'Œuvre du Second Empire en Sologne*, Paris, 1949.

DHORMOYS (Paul), *Souvenirs d'un vieux chasseur*, Paris, Librairie Hachette, 1890.

ÉDÉINE (Bernard), *La Sologne*, « Contribution aux études d'ethnologie métropolitaine », 2 tomes, La Haye-Paris, Mouton Editeur, et Paris, Librairie de la Nouvelle Faculté, 1974.

ÉDÉINE (Bernard), *Le Vieux Parlage solognot*, Chambray-lès-Tours, C.L.D., 1983.

FOUDRAS (marquis de), *Les Gentilhommes chasseurs*, Paris, A. Degorce-Cadot.

GENEVOIX (Maurice), *Œuvres romanesques complètes* en 12 tomes avec dessins inédits de l'auteur, Paris, Taillandier, 1984-1985.

GENEVOIX (Maurice), *Contes et Récits* en 7 tomes avec dessins inédits et pages manuscrites de l'auteur, Paris, Taillandier, 1986-1987.

GENEVOIX (Maurice), *Œuvres diverses* en 5 tomes avec dessins inédits, pages manuscrites de l'auteur et annexes, Paris, Taillandier, 1988-1989.

GIRAULT (Roger), *Hier... en Sologne*, Paris, éd. Publi-Team, 1982.

GRACQ (Julien), *Lettrines I*, Paris, José Corti, 1967.

GUÉRIN (Isabelle), *La Vie rurale en Sologne aux XIVe et XVe siècles*, thèse de doctorat de l'Ecole pratique des Hautes Études, VIe section, Centre de recherches historiques, Imprimerie nationale, S.E.V.P.E.N., 1960.

HUBERT-FILLAY, *Sous la futaie*, Blois, éd. du Jardin de la France, 1926.

HUBERT-FILLAY, *Les Contes de l'oribus*, Blois, éd. du Jardin de la France, 1930.

HUBERT-FILLAY, *Les Contes de la Brémaille*, Blois, éd. du Jardin de la France ; éd. augmentée, 1942.

JULLEMIER (L.), *Contes de la Sologne*, Paris, Imprimerie générale La Hure, 1915.

KLEIN (Charles-Armand), *Les Discrets Châteaux de Sologne*, Blois, Le Clairmirouère du temps, 1984.

SEIGNOLLE (Claude), *En Sologne, mœurs et coutumes*, 1945. Rééd. 1977.

SEIGNOLLE (Claude), *Le Rond des sorciers*, 1945. Rééd. Genève, Slatkine, 1981.

SIMONI-AUREMBOU (Marie-Rose), *Atlas linguistique et ethnographique de l'Ile-de-France et de l'Orléanais* (Ile-de-France, Orléanais, Perche, Touraine), Paris, éd. du C.N.R.S., 1973.

SUE (Eugène), *Martin, l'enfant trouvé ou les mémoires d'un valet de chambre*, Paris, Pétion, 1847.

SUE (Eugène), *Les Sept Péchés capitaux. L'Envie*, Paris, Pétion, 1848.

TOULIER (Bernard), *Châteaux en Sologne*, « Cahiers de l'Inventaire », Paris, Imprimerie nationale, 1991.

ZOLA (Émile), *La Curée*, 1871.

ZOLA (Émile), *Nana*, 1880.

Remerciements

Sologne gourmande est un livre de confiance. Son élaboration repose en grande partie sur les confidences que de nombreuses personnes ont bien voulu nous faire lors de longues et intimes conversations à l'ombre des chaumières ou des châteaux. Elles se reconnaîtront ici au fil des pages. La plupart ont tenu à rester anonymes afin de préserver ce voile de mystère qui est une des principales qualités de notre région. Nous les comprenons mieux que quiconque et, pour leur complicité, leur amitié et leur affection, nous tenons ici à les remercier vivement et chaleureusement car elles nous ont permis, chacune à leur manière, de mieux comprendre et, ainsi, de mieux faire partager l'âme secrète de notre belle Sologne.

Nous citons, ci-après, par ordre alphabétique, quelques-uns de nos complices :

Mme Bouquin ; Mme Bouton ; Mlle Lucienne Charpin ; M. et Mme Chapron ; M. Chatelain † ; M. Alphonse Depardieu ; M. Doyon, pisciculteur à Romorantin ; M. et Mme Espouy ; M. Jean Girard ; M. Gouaud ; M. et Mme Guy Houry ; M. James Jubert ; Dame Leloup et sa famille ; M. Bernard Leroy ; Mme Suzanne Mardon ; M. Morin ; M. Guy Moussy ; Mme Ogilvie ; M. Piau, maître d'équipage du rallye « Qui Peut », ainsi que tous les boutons de cet équipage ; M. et Mme Pillion ; M. le docteur Rousseau ; Madeleine Sologne ; M. Bernard Toulier ; M. et Mme Victor Veignies.

Et surtout notre amie Martine Vallon, responsable du service patrimoine de notre ville, qui prépare avec compétence et passion le futur musée de la Sologne de Romorantin.

Nous remercions pour leur grande amabilité les collectionneurs privés qui nous ont prêté les objets photographiés, ainsi que M. et Mme Tartière, antiquaires à Chabris dans l'Indre (objets pp. 38-39, moulin à poivre p. 94, pince à asperges p. 115) ; les établissements Vacherot-Lecoufle (p. 46) ; le Musée de Sologne de Romorantin-Lanthenay (chapeau, journal et bouteilles pp. 20-21, tableau p. 22, plaques pp. 23, 42, 107, claie p. 28, vêtements, paniers et sabots p. 40, casquettes et jambières p. 57, coche à pain p. 100, cul-noir et grès utilitaires de La Borne p. 103, plat Rouen XVIIIe siècle p. 126, assiette p. 143).

Recommandations

Notre région est comme un bibelot fragile. L'ensemble naturel qu'elle nous offre mérite respect et considération ; aussi, si vous venez à sa découverte, nous vous conseillons de lire attentivement les cartes IGN qui la décrivent et de vous aventurer sur les chemins autorisés (et sur ceux-là seulement !). L'association Pays d'accueil-Sologne a fait ces dernières années un travail considérable de balisage des sentiers ruraux par lesquels, à pied ou à bicyclette, vous pourrez découvrir le cœur de notre région. Vous pouvez vous procurer circuits et renseignements auprès de tous les syndicats d'initiative de notre région mais principalement à :

Association Pays d'accueil-Sologne
18, avenue de la République
41600 LAMOTTE-BEUVRON
Tél. 54 88 79 79

Vous pouvez compléter utilement cette découverte par la lecture du magazine trimestriel *Le Journal de la Sologne et de ses environs*, disponible en kiosque.

Sources des illustrations

Collections particulières : 9, 13 (haut), 14, 16, 17, 44, 45, 62, 63, 65, 76, 100, 110 (haut), 120, 131 (bas), 174, 176, 178, 184. Musée de Sologne de Romorantin-Lanthenay : 11, 12, 13 (bas), 22 (bas), 23 (bas), 25, 30, 31, 33, 34, 42, 119, 136, 139, 146, 170, 171, 175, 182. Roger-Viollet : 22 (haut), 23 (haut), 61, 77, 86, 108, 110 (bas), 121, 147. Coll. La Cinémathèque Française : 37, 66, 67, 151. Dessins © *Les animaux* de Tomy Ungerer, L'École des Loisirs : 106, 114, 134, 154.

Table des Matières

Avant-propos 9

LA BIOGRAPHIE GOURMANDE DE SILVINE

La drôline *11*

Silvine de Sologne 11
Maman-Douce 11
L'épicerie d'Aristide Fleury 14
Flaubert à l'école communale 15
Le Maréchal 17
La «tournée» de Monchrétien 19
Les champignons des Rouches 22
Mémère-Grand 24
Drôles et poques aux champs 30
Pêche d'étang 32
Les assemblées 33

La bricoline *37*

L'arrivée au château des brumes 37
Silvine bricoline 41
Le domaine de la Chesnaye 41
La cuisine d'Aglaé 46
Ah ! mon beau château 50
Eusice, Baptiste et les autres 53

Le cordon-bleu *59*

Le théâtre des Rouies 59
Aspirations 61
La fête des enfants 65
Le coup de lune 67
Madame Hermance 67
Bal à Bon-Hôtel 71
Le maître queux de Paris 72
La halte de chasse 74
Chasse à courre 81
Livres et victuailles 87

Épilogue *89*

LE CAHIER DE RECETTES DE SILVINE

Soupes et potages *95*

Soupe à la citrouille 95
Velouté de champignons 95
Crème de blé vert 96
Consommé de lièvre aux royales de lentilles 96
Potage Marcilly aux perles du Japon 98
Consommé de bœuf 98

Entrées froides, charcuteries et sandwiches *101*

Compote de perdreaux en gelée 101
Pâté de lapin au vieux marc 102
Rillettes de lapin de Garenne 103
Mousse de lièvre en gelée 104
Jarrouille 107
Hure de sanglier truffée 107
Sandwich à l'écarlate 109
Sandwich scottish 109
Sandwich périgourdin 110
Sandwich Charlemagne 110
Sandwich pré-salé 110
Dartois Saint-Antoine 110
Tartelette norvégienne 110
Tartelette tourangelle 110

Entrées chaudes *111*

Omelette aux mousserons des prés 111
Œufs panés servis à Monsieur l'Abbé 111
Persillade de champignons sauvages 112
Couamelles grillées au gros sel 113
Asperges blanches à la sauce mousseline 114
Grenouilles à la poulette 114
Boudins blancs farcis de veau de lait 118
Galette de pommes de terre 119
Bouchées à la reine des chasseurs 120
Pour faire un velouté de poule faisane 121

Poissons *122*

Écrevisses au jus beurré 122
Friture d'ablettes et de gardons 123
Matelote de carpe au vin rouge 124
Goujonnettes d'anguille sauce gribiche 125
Brochets au bleu 126
Paupiettes de sole aux écrevisses 127
Mes quenelles de poisson au gratin 130
Sandre grillé aux carottes frites 132
Saumon à la Chambord 133

Volailles et viandes de boucherie *135*

Dinde de Noël aux marrons 135
Chevreau persillé 136
Poulet chasseur des demoiselles Tatin 136
Rissoles à la viande 137
Lapin à la Saint-Aignan 138
Gigot chamoisé 138
Oie des vendanges au verjus 139
Le fricandeau de Monsieur le Marquis 140

Gibiers 141

Le pot-au-feu du braconnier 141
Le civet de lièvre de Monsieur 141
Le lièvre au caramel du père Camus 142
Gibelotte de garenne au thym des bergères 144
Côtelettes de chevreuil aux poires 144
Cuissot de chevreuil 146
Colvert rôti aux pommes d'amour 147
Pour confire des pommes d'amour 147
Civet de marcassin aux cormes 148
Perdreaux à la broche aux choux 149
Estouffade de biche au vin blanc 150
Faisan en cocotte à la crème 151
Salmis de bécasses 152

Garnitures et salades 153

Cèpes farcis 153
Pommes Mont-d'Or 153
Salade Lorette 154
Salade Jockey-Club 154

Glaces, pâtisseries et desserts 155

Spoom aux pousses de cassis 155
Sabayon glacé aux fruits confits 155
Tarte aux reines-claudes 158
Chatterie 159
Beignets de fleurs d'acacia 159
Tarte renversée des Demoiselles Tatin 160
Pain d'épice de Madame de Veilanne 160
Étouffe-coquin à la confiture 162
Saint-Honoré 163
Roussettes 166
Très bon gâteau de marrons 168
Étoile du berger 168
Fruits au vin pour l'été 169
Tapinettes 170
Magique au rhum 170
Croquets aux noisettes 171
Gâteau aux pralines 172
Charlotte aux pommes 172
Gâteau charmeur 174
Cake de la tante Andrée 175
Brioche aux fraises en cassolettes d'argent 176
Tartelettes pommes d'api 177
Turlupettes en nougat 178
Nonnettines au citron 178
Croquignoles 178
Cigarettes tsarines 178
Bâtons de maréchaux 178
Les tartines de Thérèse 178

Lichonneries 180

Pâte de coings 180
Confiture de melon 180
Gelée de mûres 182
Confiture d'épines-vinettes 183
Gelée de fleurs de pissenlit 183
Sirop supérieur aux quatre fruits rouges 184
L'apéritif du curé 184
Cerises à l'eau-de-vie 185
Mousseux aux fleurs de sureau 185
Genévrette 186

Utiles 187

Doux appât pour les poissons 187

Notes 188

Bibliographie 189

Remerciements 190

Recommandations 190

Sources des illustrations 190

Stylisme
SYLVIE BINET

Conception graphique et maquette
SOPHIE ZAGRADSKY

22, rue Huyghens, 75014 Paris

Réalisation PAO : Octavo Éditions à Paris
Photogravure : André Fossard à Paris
Impression : Aubin Imprimeur à Ligugé, n° P 41124
Reliure : SIRC à Marigny-le-Châtel
Achevé d'imprimer : septembre 1992
Numéro d'édition : 12337
Dépôt légal : octobre 1992
ISBN : 2-226-05907-5